蒸気機関車
中国・四国・近畿の鉄道風景

鉄道少年探偵団編

海鳥社

蒸気機関車
中国・四国・近畿の鉄道風景

目 次

山陰 I 6
- 山陰本線〈その1〉 8
- 美祢線 16
- 山口線 20
- 岩徳線 24
- 三江北線 24

山陽 26
- 山陽本線 28
- 呉線 36
- 山陽電軌 44
- 広島電鉄 44

伯備 46
- 伯備線 48
- 芸備線 62
- 木次線 64
- 下津井電鉄 65
- 同和鉱業 片上鉄道 65
- 岡山臨港鉄道 66
- 岡山電軌 66

山陰 II 68
- 山陰本線〈その2〉 70
- 大社線 80
- 倉吉線 82
- 一畑電鉄 83
- 北丹鉄道 84
- 加悦鉄道 84

布原（昭和44年3月10日）

関西 86

- 関西本線 88
- 播但線 98
- 小浜線 102
- 北陸本線 102
- 草津線 104
- 阪和線 104
- 京都市交通局 105
- 野上電鉄 106
- 京福電鉄 106

四国 108

- 予讃本線 110
- 土讃本線 112
- 宇和島線 114
- 内子線 118
- 伊予鉄道 120
- 高松琴平電鉄 121
- 土佐電鉄 122

蒸気機関車型式別インデックス 124

コラム

人情本線，山陰路の駅ネ	栗原隆司	25
蒸機を求めて	中馬泰裕	35
少年の記憶	田中芳樹	45
布原三重連 vs 墨絵の布原	見城正浩	67
保津峡撮影記	新原和俊	85
遙かなり播但線C57追跡	中楯 潔	107
帰省列車	村山直也	119
鉄道写真の思い出	末光尚志	123

あとがき 128

見城正浩

＊路線名，駅名，営業距離は昭和43年10月1日当時のもので，改称や新駅の設置などにより現在と異なるところがあります

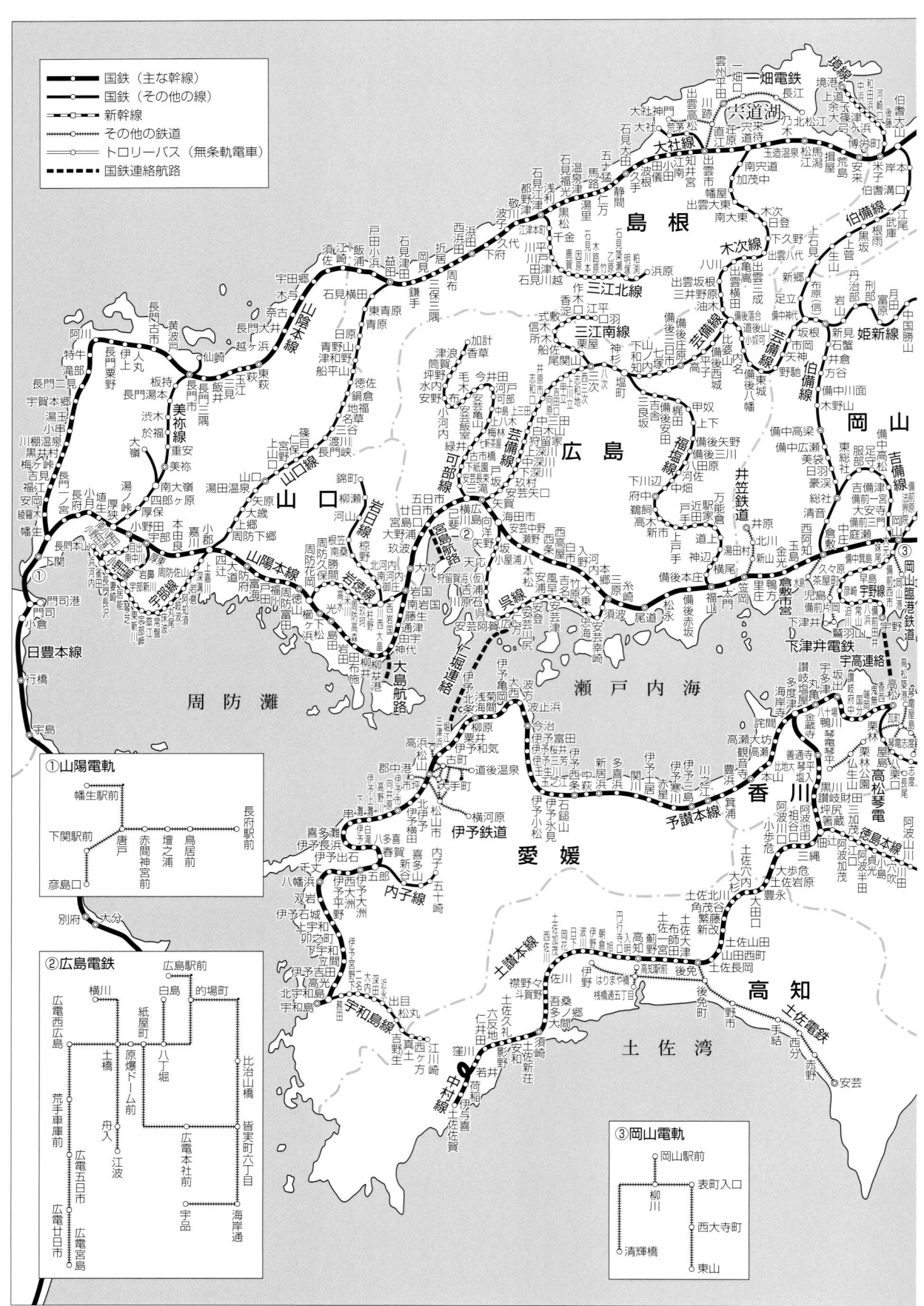

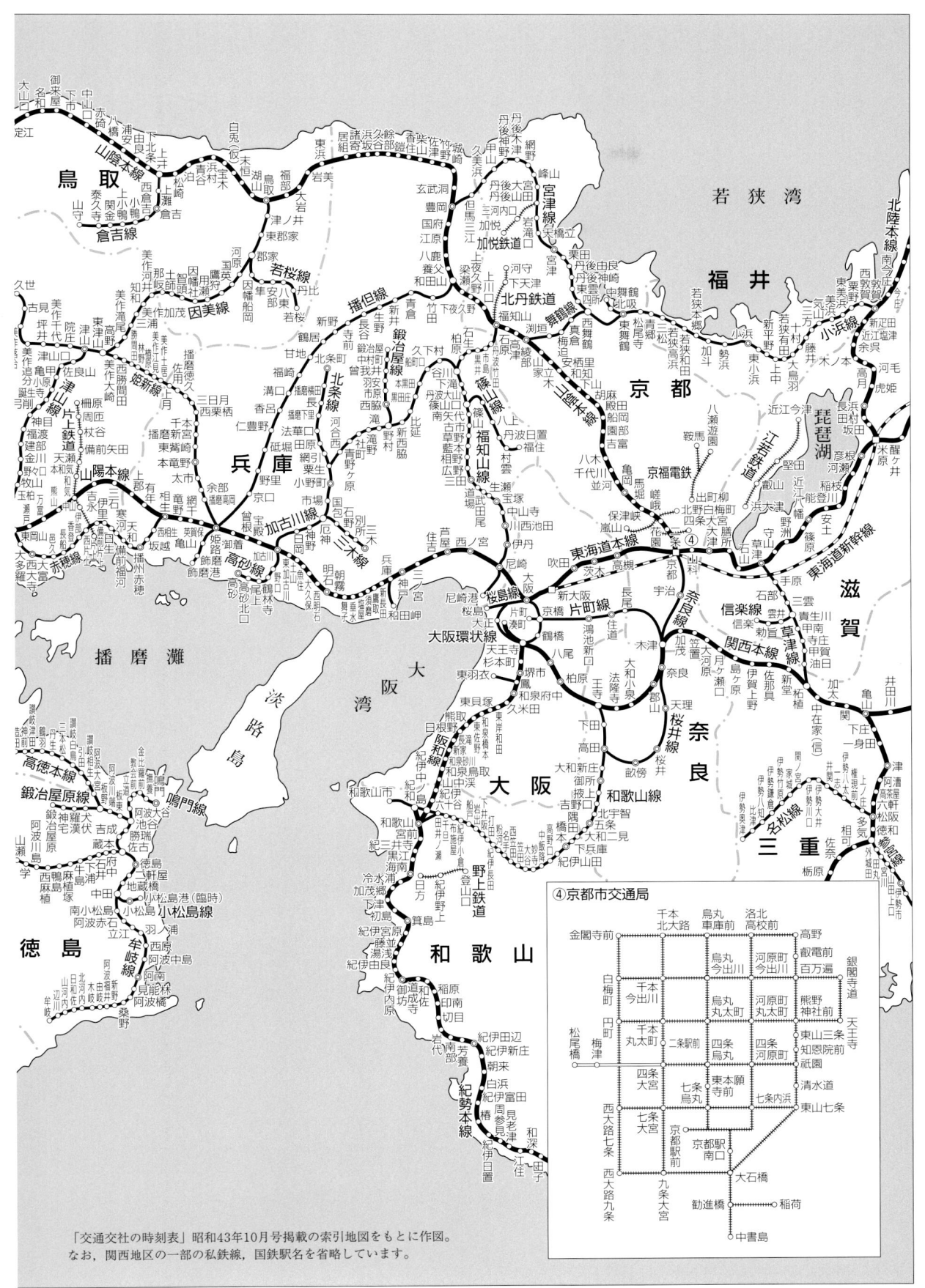

山陰 I

海辺に出て，D51の機関士も機関助手もホッと一息。830列車が日本海を行く（山陰本線・湯玉－小串，昭和46年8月14日）

山陰本線 〈その１〉

京都－幡生〈出雲市－幡生〉
677.6キロ〈291.4キロ〉

出雲市より西の山陰本線は，日本海を望みながらの風光明媚な路線である。Ｃ57とＤ51が活躍し，京都－博多間のロングラン特急「まつかぜ」が王者の風格で走り抜けた。
写真は，下関駅を出発するＤ51旅客列車。ＦＥ58，ＥＦ65の寝台特急やＥＣ，ＤＣなどの様々な特急が往来する大変賑やかな駅であった（昭和48年３月14日）

小串駅に入線するD51214牽引の上り旅客840列車。朝の通勤通学客が歩を早める（昭和47年6月16日）

左──京都から福知山線，山陰本線経由で博多までを結んだ，キハ82系上りディーゼル特急「まつかぜ」2012D。昭和47年10月改正で京都から大阪発着に区間短縮された（滝部－長門二見，昭和47年6月16日）

下──小串駅でディーゼル旅客834Dと列車交換をして発車するD51243牽引の旅客821列車（昭和47年6月15日）

海岸線の真夏の強烈な光が降り注ぐ中，集落を結びD51692がひく貨物878列車が走る（湯玉－小串，昭和46年8月14日）

ＤＦ50にひかれ，上り旅客列車が岡見の海岸線をひた走る（岡見－鎌手，昭和47年6月15日）

夕陽に輝く日本海をバックにD51のシルエットが美しい下り旅客列車（岡見－鎌手，昭和47年6月15日）

雨に煙る石見海岸。向こうから831列車が駆けてきた。線路が付け替えられ，今はトンネルでこの場所を通過する（三保三隅－岡見，昭和47年4月6日）

集煙装置付きのD51749が夜の機関庫で罐の蒸気圧を上げていた(浜田機関区,昭和47年6月15日)

上左 ── D51貨物861列車が，長浜小学校の校庭の元気な
　子供たちに負けじと重い荷物をひいて奮闘する（西浜田
　－周布〔すふ〕，昭和48年4月10日）
上右 ── 今は取り壊されてしまった木造校舎の馬路小学校。
　長い貨物560列車がゆっくりと通過していく（仁万〔に
　ま〕－馬路〔まじ〕，昭和47年4月7日）
下 ── 浜田始発東京行き寝台特急「出雲」がDD54に牽引
　されて山陰本線を駆け抜ける（田儀－波根〔はね〕，昭
　和47年8月9日）
右 ── 山陰路はずっと美しい日本海に沿って行くが，西か
　ら旅を始めると一番に出合う見せ場がここ。貨物867列
　車が姿を現した（湯玉－小串，昭和46年8月14日）

15

美祢線

厚狭－長門市など
48.8キロ

左──美祢線は，大嶺から産出される石炭の運搬を目的に，明治38年，山陽鉄道によって厚狭－大嶺間が開業。翌年，国有化され，明治42年に大嶺線となる。南大嶺（当時は伊佐駅）から徐々に長門市（当時は正明市）に向けて延伸され，大正13年全通。南大嶺－大嶺間は大嶺支線とされていたが，平成9年に廃止された。もっとも西に位置する陰陽連絡線として，現在1日10往復程度の各駅停車が走る。厚狭－重安間では貨物も運行され，ＤＤ51が活躍している。
写真は，長い石灰石貨物を牽引する1次型ナメクジドームのＤ518（南大嶺－美祢，昭和47年5月5日）

下──当時，1時間に平均上下2本の貨物を運行していた美祢線だが，旅客はほとんどがディーゼルカーだった。数少ない大嶺支線の旅客列車は，客車1両をＤ51がひいたり，混合列車として運行したりしていた（大嶺支線・南大嶺－大嶺，昭和47年5月5日）

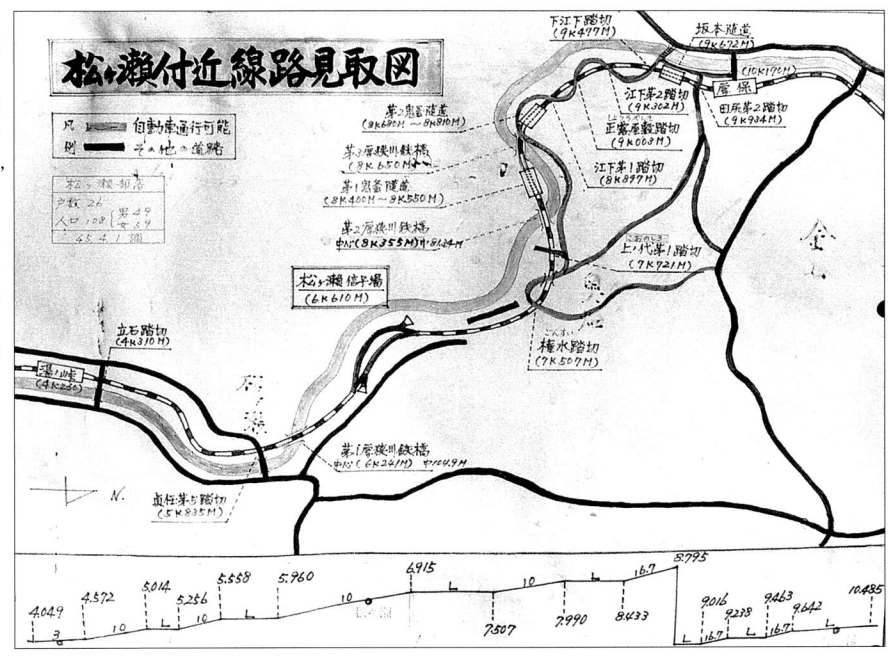

上── 美祢線は厚狭川に沿って北上しており，何度も厚狭川と交差しながら美祢に向かう。写真は，上り厚狭行き石灰石列車（湯ノ峠〔ゆのとう〕－厚保〔あつ〕，昭和47年5月5日）

右── 松ヶ瀬信号場事務所に貼ってあった信号場付近の線路見取り図。見取り図下を見ると，松ヶ瀬を挟んで湯ノ峠から厚保までずっと上り勾配が続いているのが分かる（昭和47年5月5日）

右——美祢線は美祢，重安で生産される石灰石の運搬が主力であった。厚狭からの下り列車は山間に点在する農家を横目に美祢へ向かう（松ヶ瀬信号場－厚保，昭和47年5月5日）
下——美祢駅には転車台が設置されていなかったのだろう，下り列車は常にD51がバック運転で牽引していた。機関助士も後ろに細心の注意を払いながらの運転だった（湯ノ峠－厚保，昭和47年5月5日）

左──厚保を出てすぐの坂本トンネルを抜けたD51920牽引の石灰石列車（松ヶ瀬信号場−厚保，昭和47年5月5日）

上──美祢線の沿線にはそれほど開けた場所はない。125トンもあるD51は谷間に巨体を震わせて通り過ぎていった（松ヶ瀬信号場−厚保，昭和47年5月5日）

19

山口線

小郡―益田
93.9キロ

右——県都・山口を通り，陰陽連絡線でもあった山口線だが，昭和48年当時は特急列車の運転もなく，3往復のディーゼル急行「しんじ」，「さんべ」，「あきよし」が走るのみだった。30年以上前の長門峡駅にも春の訪れ，美しい桜の季節がやって来た（昭和48年4月9日）

下——車が普及する前は，列車通勤・通学が当たり前だった。あいにくの雨の中，7時11分発532Dに乗ろうと，大勢の人々が駅に集まる（青野山，昭和48年4月10日）

左——SLはデッカイぞ！ D51が笑っているようにも見える。駅には家族みんなが集まった（徳佐，昭和48年4月9日）

右——D51貨物1693列車が峠越えに挑む。ここでは今もC571がひく「SLやまぐち号」が運転されており，この迫力が体感できる（宮野―仁保，昭和48年4月9日）

D51重連貨物1690列車が津和野への上り坂を力を合わせ上っていく。この辺りの里山に寄り添う集落の赤い石州瓦の美しさは今も変わらない（津和野－青野山，昭和48年4月10日）

左 —— 廃車直前のD601が小郡機関区の転車台に乗って仕業に備える。このあと小郡駅から普通旅客列車をひいて益田へ下っていった。煙突には集煙装置が付いている。同機は昭和41年12月に廃車された（昭和41年8月21日）

右 —— D50に軸重軽量化工事を施して，D60は誕生した。D601には「ボイラD50170」のプレートが見える（小郡機関区，昭和41年8月21日）

岩徳線
岩国ー櫛ヶ浜
43.7キロ

岩徳線は，もともと山陽本線の短絡線としての機能を担って昭和4年に工事が始まり，昭和9年に櫛ヶ浜駅まで開通した。一時はこの区間が海岸線柳井経由に代わり山陽本線として活躍した時期もあった。写真は岩国機関庫内で憩うデコニ（昭和43年3月下旬）

三江北線
石見江津ー浜原
50.1キロ

江の川（ごうのかわ）に沿って，バック運転のC56が牽引する貨物1391列車が行く。昭和50年8月，三江北線・浜原から三江南線の終点・口羽までの工事が完成。現在は，石見江津ー三次間が三江線と呼ばれている（石見江津ー江津本町，昭和48年4月11日）

人情本線,.山陰路の駅ネ

栗原隆司

忘れられない大切な思い出がある——。

写真を撮り始めたのは高校に入ってから。やっと高2の夏休みに初めての長旅,6泊7日のSL撮影旅行をしている。30ウン年前の黄ばんだ大学ノートが物語る当時の様子。初めて自分のカメラ,アサヒペンタックスSPを使ったこと(それまで写真部の先輩から借りていた!)。レンズは50ミリと135ミリだけだった(それも望遠は借用。だから1年生の時に撮ったフィルムはわずか13本だけ!)。

呉線,伯備線と中国地方を回り,最終日前夜,昭和44年7月29日,ようやく涼しくなりかけた夕暮れの山陰本線・岡見駅に降り立つ。まだほとんどの駅に駅員さんがいた時代……。

海を渡る出雲市始発長門市行き833列車(岡見－鎌手,昭和44年7月30日)

あらかたの小遣いはフィルム代などに消え,切符も学割2割引,貧乏高校生に宿泊代なぞ当然ない! 無賃の駅での夜明かしが常だった!

「あのう,すみません。今晩この待ち合い室に泊めていただいていいですか?」

駅事務室奥からステテコ姿にウチワをパタパタとオジサンが登場。日勤明けの駅長さんだった。

その後,お茶にお菓子をご馳走になり,「風呂に入れ!」。遠慮すると,「若いモンが遠慮するな」と一喝される。

21時過ぎの最終列車を待ち,待ち合い室の木製の長椅子を2つ向かい合わせ,布団まで敷いてもらう。極めつけは泊り勤務の若い駅員さんへの指示。今夜は祭りの日だから案内を,と。朝まで舞われる岩見神楽だった。

ああ涙。感謝と感激の鮮烈な思い出。

1年半後の冬,松江の隣の乃木駅。待ち合い室は寒かろうと,駅舎隣の保線さんの官舎に泊めてもらったこともある。

翌朝お礼を言い列車に乗り込むと,保線さんが走って追い掛けてくる。

「これ,汽車の中で食べな」

弁当だった。同じ年頃の息子さんが遠く下宿生活で,今やってやれないからと。優しさが温かった! また,涙。

蒸気機関車を追いかけて,たくさんの人たちの親切に出逢い,助けられた時……。

夏の明るく透き通った山陰の海のように,美しく優しい大切な私の思い出。

駅を基点に多くの人たちが行き交う,あの頃の情景が甦る。

鉄路を守るたくさんの誇り高き鉄道員たち……。

山陽

安登駅から1キロほど安芸川尻よりの丘の上から線路を見下ろすと、左カーブしてきた列車の背後に、瀬戸内海に浮かぶ蒲刈島が霞む。C6223牽引の上り荷物42列車（呉線・安登－安芸川尻，昭和44年3月16日）

山陽本線

神戸―門司
535.0キロ

山陽本線は神戸駅から関門トンネルを抜け門司駅に至る路線。昭和39年の全線電化以降，本線の蒸気機関車は引退していたが，主な駅では各支線から乗り入れる蒸気機関車が姿を見せていた。昭和50年3月の山陽新幹線博多開業までは色々な種類の特急・急行が走り，写真撮影には飽きない賑やかな路線であった。写真は，下関駅に到着するＥＦ58牽引特急「彗星」（昭和48年3月14日）

山陰本線と合流し，下関駅間近のスポットを走る，ＥＦ65Ｐ型がひく特急「あさかぜ」（長門一ノ宮－幡生〔はたぶ〕，昭和50年3月8日）

西の箱根・セノハチ（八本松－瀬野間）を581系下り特急「つばめ」が軽快に下ってきた。広島まであとわずか（昭和50年3月6日）

早朝の須磨の海岸を，大阪方面に向かう夜行列車が頻繁に通り過ぎる。山陽電鉄と併走してＥＦ58牽引の特急「あかつき」が姿を見せた（須磨－塩屋，昭和50年3月4日）

下関－門司間に配備されていた交直両用のＥＦ30。関門海底トンネルの海水による腐食を防ぐためステンレス製で，当時は異色の存在だった。東京方面から直流の電気機関車にひかれてきたブルートレインも，下関でＥＦ30に連結し直され，関門トンネル通過後，門司で交流の電気機関車に付け替えられて鹿児島本線に入った（門司，昭和41年9月11日）

小郡駅に進入する153系電車急行「やしろ」。この年に準急から急行に格上げされ，広島－下関間を2往復運行していた（昭和41年8月21日）

修学旅行専用電車は昭和34年に登場し，「きぼう」は関西地区の学生を乗せて神戸－品川間を走った。新幹線の開通後は利用が大幅に減り，昭和46年に姿を消す。最後の日の155系修学旅行専用電車「きぼう」（大阪，昭和46年10月16日）

セノハチ用後補機ＥＦ59が瀬野機関区に待機する脇を，151系特急「しおじ2号」下関発新大阪行きが通過していく（瀬野，昭和44年7月25日）

下関駅で出発を待つキハ58系急行「青島」。昭和37年に一旦廃止された準急「青島」だが，昭和40年10月改正で急行「べっぷ」，「にちりん」を併合したかたちで，広島・門司港－西鹿児島間（日豊本線経由）に復活した（昭和40年ごろ）

昭和24年に誕生した80系湘南電車の第1次型（クハ86）。当時，湘南型80系は山陽本線各駅停車の主力であったが，昭和53年には引退した（広島，昭和49年7月17日）

修学旅行専用電車167系「わこうど」が駆け下りる。東京20時55分発の下関終着は翌日の15時35分！（八本松－瀬野，昭和44年7月25日）

のどかな春の日差しの須磨海岸を，マンモスEH10＋EF65（もしくはEF60）が牽引する長い貨物列車が行く。EH10は増大する東海道本線の貨物輸送に対応するため，昭和29年に登場した。山陽本線の岡山まで乗り入れており，関西ではこのEH10に会えることが楽しみでもあった（須磨－塩屋，昭和50年3月4日）

左上──大阪-下関間を結んだ153系急行「関門」。昭和40年11月からは新大阪と大阪から2往復が運行した（下関,昭和40年ごろ）

左下──青大将の異名を持つブルートレイン塗装のEF58114。EF58は昭和21年から31両が製造されたが中断,27年以降に設計変更され,のべ172両が製造された。20系ブルートレイン牽引機としても活躍。114は昭和60年に廃車された（下関機関区,昭和40年ごろ）

キハ82系13両の長大編成の特急「かもめ」が西へ向かう。10日後に迫った山陽新幹線博多開業までの最後の走り。明石海峡の向こうに淡路島が見える（須磨－塩屋，昭和50年3月1日）

左——昭和41年7月11日に廃車されたD521。九州ではお目にかかることができなかった型式だけに、目の当たりにしてその威容に圧倒された（小郡機関区、昭和41年8月21日）

上——小郡機関区に並ぶ廃車になったD52。岩徳線で運用されていたものだが、メインロッドは外され、赤錆も浮いており、かつての奮闘ぶりを彷彿させるものはない。灼熱の太陽にさらされていた（昭和41年8月21日）

下——C62のファーストナンバー機は、昭和39年の山陽本線全線電化までは「あさかぜ」、「さくら」などの寝台特急を牽引してきた。昭和47年、梅小路蒸気機関車館に静態保存されるまで、小郡機関区の中でひっそりと余生を送っていた（小郡機関区、昭和44年7月24日）

蒸機を求めて

中馬泰裕

昭和40年代前半，10代前半の私にとって，本州は遠かった。

私は，いつも時刻表を机の上に開いて，鉄道雑誌に掲載されたＳＬの場所を確認しつつ，旅行の計画を立てていた。しかし，ひとりで本州まで出かける勇気と根気，そして金に乏しかった。

私はもっぱら机上の旅を楽しんでいた。

当時の私は，なぜか関門トンネルを越えることに一抹の不安があり，下関駅が見えると，大丈夫だった！と，心をなでおろしたものだ。大きすぎる期待が，そうさせたのかもしれない。

当時の九州は，ＳＬ全盛期。トンネルをひとつ越えただけで，幹線での電車の多さに驚きを覚えた。

大学に入学したころから行動範囲が広がり，全国の鉄道への旅へ。蒸機を求めて，何度か北海道にまで足を運んだりもした。

中でも思い出に残るのは，創部間もない鉄道研究会で行った山陰探訪。山口線，一畑電鉄など，山陰の鉄道史にふれながらの研究旅行。夜は宿でのミニコンパ，そして九州弁オンパレードの反省会。

その山口線からも，昭和50年12月を最後に蒸機の姿が消えた。

しかし，4年半後の昭和54年8月1日，「貴婦人」と呼ばれたＣ57型蒸機が復活。その後，全国各地でＳＬが復活した。九州からは津和野の旅が人気で，現在も山陰の主要なスポットになっている。

私の妻が幼少期を過ごした宇部もＳＬが多く，毎日，蒸機の煙を見ながら育ったとのこと。

掲載の写真は，今から23年前，家族での鉄道旅行の途中，常盤公園などに立ちより，小野田線の目出駅で撮った1枚。第1子誕生を祝って駅長から帽子まで貸していただいた，おめでたいスナップである。

呉線

三原－海田市
87.0キロ

右──呉線は，軍港・呉と広島を結ぶ路線として明治36年に海田市－呉間が開業。昭和5年から断続的に三原方面へ延伸し，昭和10年に全通。その後，山陽本線の三原－海田市間には「セノハチ」と呼ばれる難所もあったため，本線のバイパスとしても機能していた。また，幹線の電化により余剰となった大型機（C59，C62）の最後の花道でもあった。
写真は，夕暮れの迫る海岸線を行くD51牽引の貨物676列車。奥には瀬戸内海に浮かぶ島々が霞んで見える（安芸幸崎〔あきさいざき〕－忠海〔ただのうみ〕，昭和45年3月19日）

下──小屋浦駅を出て3つ目のトンネルにさしかかる貨物676列車。この貨物列車は当時の東広島（貨物駅）を8時過ぎに出て，9時間あまりをかけて糸崎まで運行した（小屋浦－坂，昭和44年3月16日）

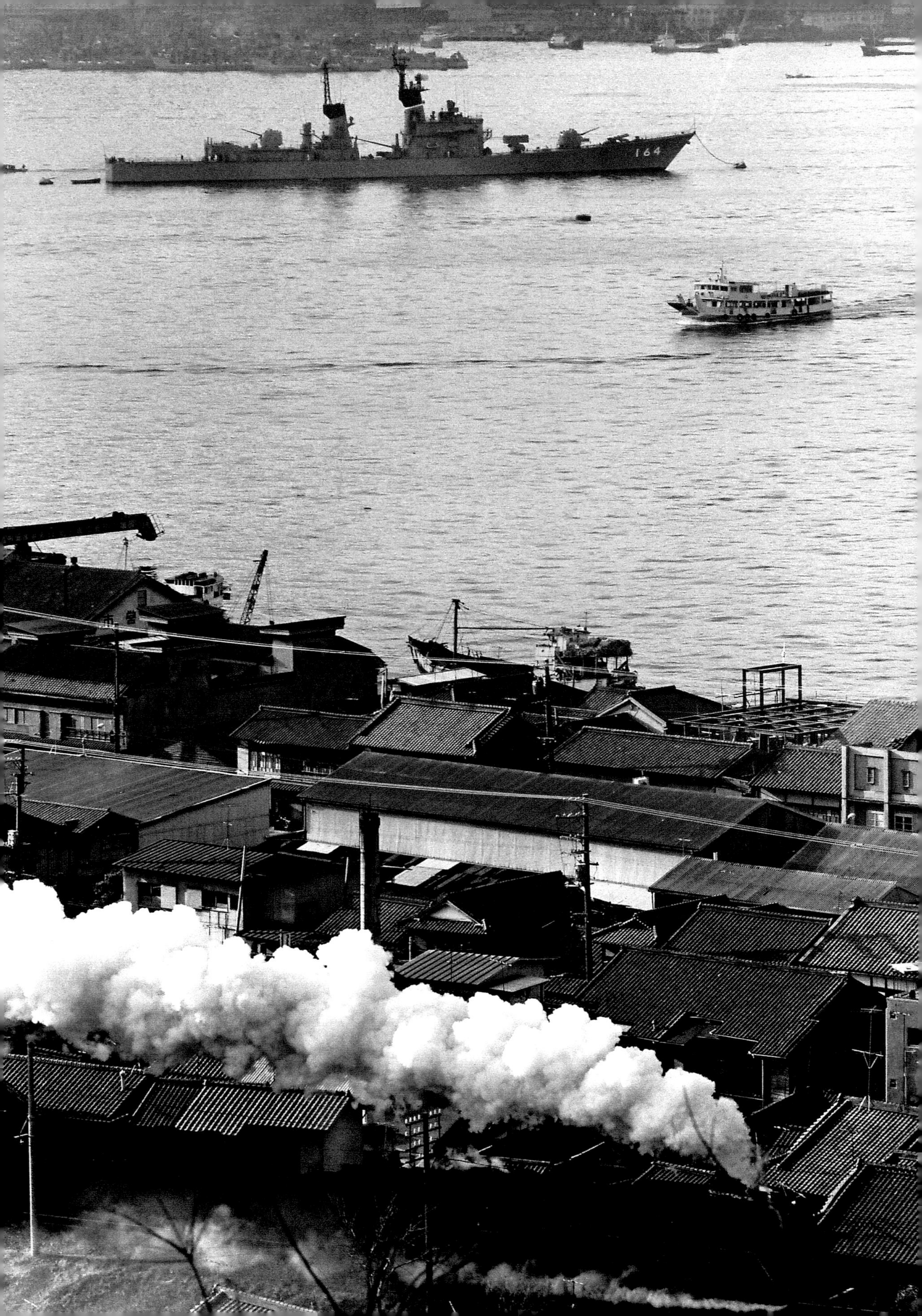

164

左——上り旅客列車が通過する町並みの向こうには瀬戸内海が広がり，自衛艦が浮かぶ。呉には今も自衛隊の基地があり，護衛艦が行き来する（安芸川尻－仁方〔にがた〕，昭和45年3月19日）

右——真夏の広大川を渡るC62牽引の下り寝台急行「安芸」。終着駅広島までは美しい海岸線をもうひとっ走り（広－安芸阿賀，昭和43年7月23日）

下——東京始発広島行きの急行「安芸」は，呉線ではC62かC59がひいて走った。ヘッドマーク付きの急行で，呉線のシンボル的存在だった（安登－安芸川尻，昭和44年3月16日）

下──架線ポールを積んだ作業車がダイヤの隙間を使って移動。急ピッチで電化の準備が進んでいた。全線電化完成は，この1年半後の昭和45年9月15日（安登－安芸川尻，昭和44年3月16日）

右──当時，蒸気機関車がひく唯一のヘッドマーク付き急行「安芸」（安芸川尻－仁方，昭和45年3月19日）

左── 山陽本線の特急列車を牽引していたＣ59は1290馬力と1750ミリの動輪を誇る。呉線では，その大きな力を持て余しながら，最後の勤めで普通列車もひいていた（小屋浦－坂，昭和44年3月17日）

上── Ｃ6248牽引の下り広島行き旅客925列車。海側の道路を懐かしいキャロルが行き交っている（小屋浦－坂，昭和44年3月16日）

上──ゼブラ模様に塗装された構内入換専用のC50（糸崎機関区，昭和44年3月17日）
右──昼は構内の入換に忙しいC5082も，夜は静かに休んでいる（糸崎機関区，昭和44年3月17日）
下──翌朝10時過ぎに東京から下ってくる急行「安芸」を牽引するC6223が，機関区中央で眠りについている。このひとときも蒸気機関車の罐が火を落とすことはない（糸崎機関区，昭和44年3月17日）

上 ── 広駅は呉線の中でも比較的大きい駅。この駅を境に運転系統が別れ、西側の広－広島間では多くの各駅停車が運行されていた。広駅までの上り旅客924列車が絶気して構内に進入（昭和44年3月16日）
右 ── 進入してくる下り貨物675列車を出迎える駅員。機関士に最敬礼を送る（昭和44年3月16日）
下 ── 到着した貨物675列車の機関士と機関助士たち。ここで乗務の交代だ（昭和44年3月16日）

山陽電軌

長府駅前―彦島口など
17.7キロ
昭和46年2月7日廃止

山陽電気軌道（現・サンデン交通）は昭和1年に長関線・松原―壇ノ浦間で開業，最盛期には大和町線，長関線，市内線，幡生線の各路線を持ち，下関市民の足として親しまれた。昭和44年から順次廃止され，46年に全廃。廃止後7両が土佐電鉄に引き取られ，そのうちの1両はサンデンカラーであるクリームと深緑のツートンカラーに復元されて，平成18年まで高知市内を走ることになっている。写真は下関駅前での1枚（昭和40年ごろ）

広島電鉄

34.9キロ
（鉄道線の宮島線・広電西広島―広電宮島を含む）

日本最大規模の路面電車が走る街・広島。全国を走った懐かしい路面電車が昔のままの姿で活躍している。また，自慢の超低床車「グリーンムーバー」が走る最先端の街でもある。
写真は，原爆ドームを左手に見ながら相生橋を渡る広電宮島行き連接車（昭和49年7月14日）

鉄道線は終点・広電宮島近くで海が間近に迫る。市内線からの直通電車3000形は，西鉄福岡市内線から転入の3連接車（地御前〔じごぜん〕―阿品〔あじな〕，昭和49年2月19日）

少年の記憶

文・絵
田中芳樹

　今にも雨が降り出しそうな、薄墨色の雲が低く移動している。天気が悪ければ悪いなりの雰囲気の写真が撮れる。それもいい。

　レールが山すそのトンネルに吸い込まれていく手前で、線路は右へ急カーブしている。カーブの外側に三脚を立てれば、まっすぐに登ってくる機関車を正面からねらえる。

　ぼくは、モノクロカメラを三脚に取り付け、絞りやシャッタースピードを入念に点検した。だんだん空が暗くなってきた。夕立ちが来そうな気配だ。峠に近いこの辺りは、雲とも霧ともつかない蒸気が立ち込めてきている。

　静寂の中に、確かに汽笛が響いた。ずっと向こうに機関車の頭がポツンと見えたと思うと、ゆっくりとその姿が大きくなってくる。まっすぐにこちらに向かってくる。ドラフトの音がぼくの心臓にこだまする。一瞬このままひき殺されてしまうかと、錯覚を覚える。空はさっきよりもさらに暗く、小さな雨粒が降ってきた。

　突然、ファインダーの左側に人影が見えた。その人は線路を横断しようとしている。「あっ」と思った時、立ち止まり、手を上げた。保線の人らしい。線路の手前にいて、安全であることを機関士に知らせているのだ。機関車の顔の中心は動かないまま、ぐんぐん大きくなってくる。保線の人より小さかった影が、背の高さに並び、そしてそれを超え、2倍くらいになった。車体が左右に揺れているのがわかる。吐き出す煙が、霧と雨つぶといっしょになって、ファインダーの四方八方から襲ってきた。真っ黒い車体と灰色の蒸気が視野をうずめ、色彩は排除され、2本のレールだけが白く光っている。轟音の中に車輪の回転音がはっきり聞き分けられた。窓から出ている機関士の顔立ちが判別できる。保線の人の足元が白い蒸気でかき消えた。その瞬間、ぼくはシャッターを押した。

　手ごたえがなかった。もう1度押した。手ごたえはやはりない。あわててファインダーから顔を離した。その瞬間、呆然と立ち尽くすぼくの左側へ、機関車は地響きを立てて突進した。風が、ぼくのほほをたたきつけた。「ボーッ」と汽笛一発、機関車はトンネルに突入した。世界は急に静かになった。引かれていく客車の音だけが「ゴトンゴトン」と長く続いている。

　その時、やっとぼくは思い出した。フィルムを装填していなかったことを。ぼくはこの時の光景を、どんなに鮮明な写真よりも深く深く記憶にとどめた。

*

　これはほぼ事実である。少年としての未熟さゆえに味わった失敗は、数え切れないほどある。1枚の写真の成功の背後には、それに倍する失敗がある。そうした苦闘と努力、試行錯誤の産物である。しかし、今ではそうした失敗を含めたすべてが、懐かしく思い出される。

伯備

D51三重連。布原信号場を新見へ向かって出発した列車は，約300メートルの坂を一気に駆け登り，トンネルに入る。その走りはまさに獅子奮迅で，多くの鉄道ファンの魂を揺さぶった。この鉄橋周辺は，昭和47年に三重連が姿を消すまで，鉄道ファンのメッカだった（伯備線，昭和44年3月20日）

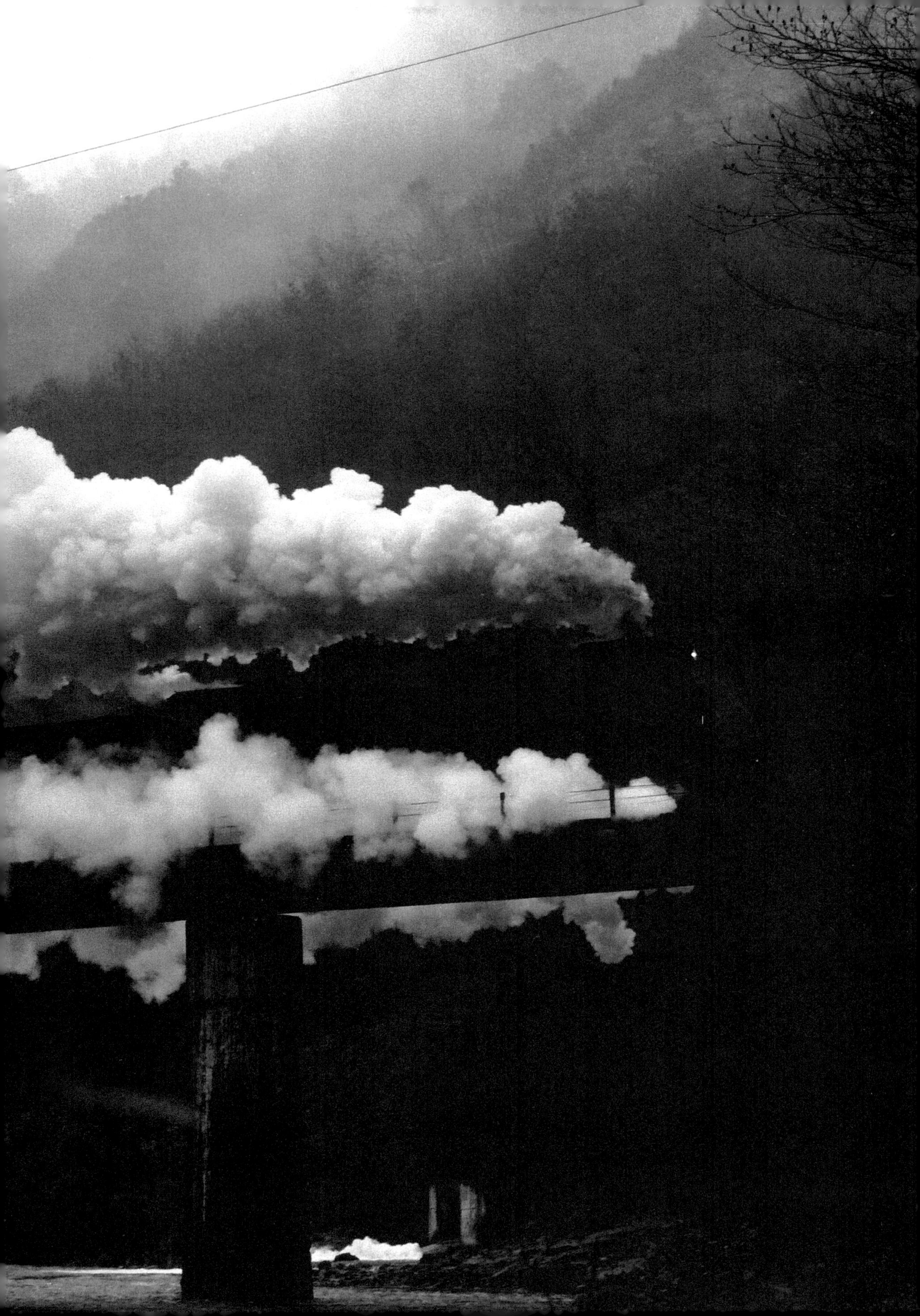

伯備線

倉敷－伯耆大山
139.6キロ

右── 伯備線は北と南から建設が始まり，伯備北線は大正8年に伯耆大山－伯耆溝口間で，伯備南線は大正14年に倉敷－宍粟（しそう，現・豪渓）間で開業，その後，それぞれ南北に路線を延伸し，昭和3年全通した。陰陽連絡線としては最も重要な路線である。路線中央に位置する新見は姫新線，芸備線のジャンクションになっていて，陰陽連絡の要所である。かつては機関区があり，昼夜を分かたず汽笛の音が響いていた。昭和57年全線電化。
写真は，雪の信号場を後にして25パーミルの苦ヶ坂トンネルへと向かう貨物2492列車。何度も訪れて見慣れたはずの三重連だが，一度として同じ表情を見せたことがない（布原信号場，昭和45年3月25日）

下左── 布原信号場に向かう芸備線キハ20系単行857D。信号場ではD51三重連2492列車が発車待ち（新見－布原信号場，昭和46年7月17日）
下右── 2492列車のD51三重連が，列車交換する下り旅客857Dを待って静かに待機している。苦ヶ坂トンネルが，S字カーブの先に黒々と口を開けている（布原信号場，昭和45年3月20日）

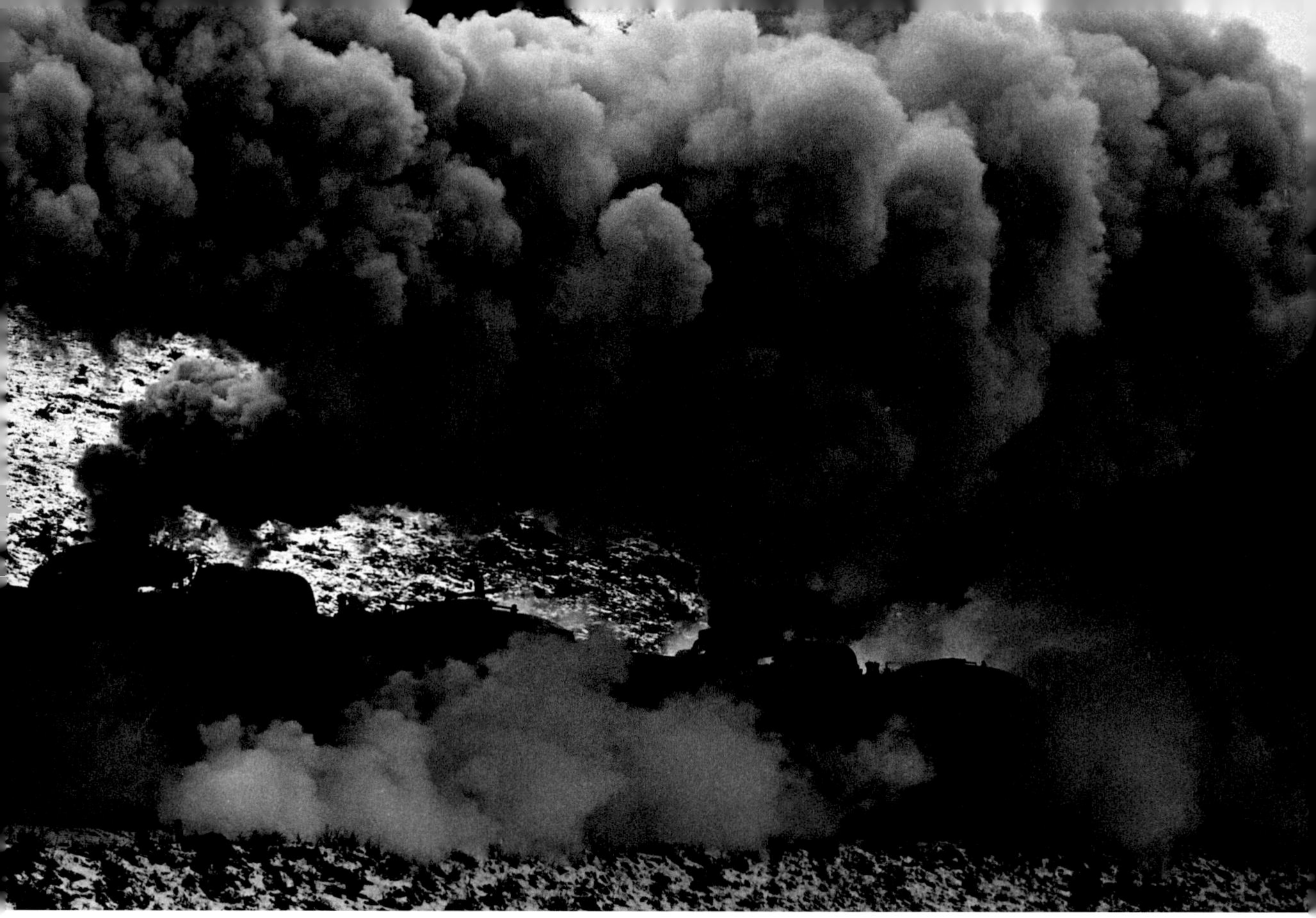

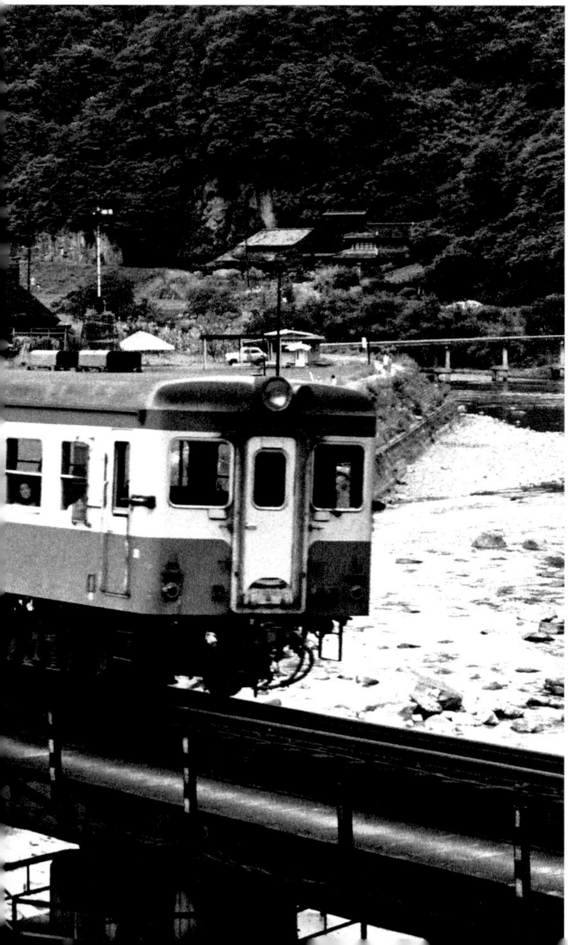

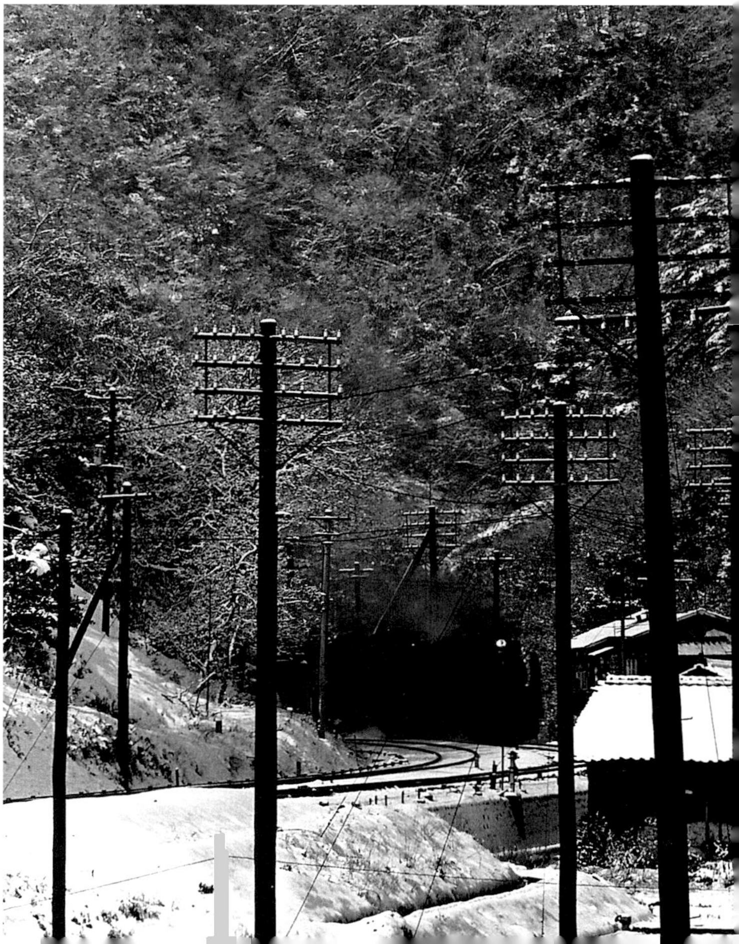

D51三重連が布原信号場を発車する。地響きが伝わってきそうだ（昭和45年3月20日）

苦ヶ坂トンネルの手前，西川に架かる鉄橋を渡る上り旅客列車。この橋のたもとに民家が3軒ほどあり，家の歴史が滲み出ていた（新見－布原信号場，昭和45年3月20日）

西川に架かる鉄橋を渡る2492列車。爆音を響かせて通り過ぎているはずなのだが，雪に音が吸い込まれて静謐な印象だった（新見－布原信号場，昭和45年3月20日）

左上──布原から備中神代（こうじろ）へ向かう谷あいは急峻で，望遠レンズでのぞいていたらノソッと気動車が走ってきた（昭和45年3月20日）

左下──新見から布原にバックで入ってきた単機回送のC58。下り勾配はラクなもの（昭和44年3月10日）

山間の信号場を出てまもなく，激しいドラフト音が聞こえてきた。これから本格的な加速体勢に入る（布原信号場，昭和44年3月10日）

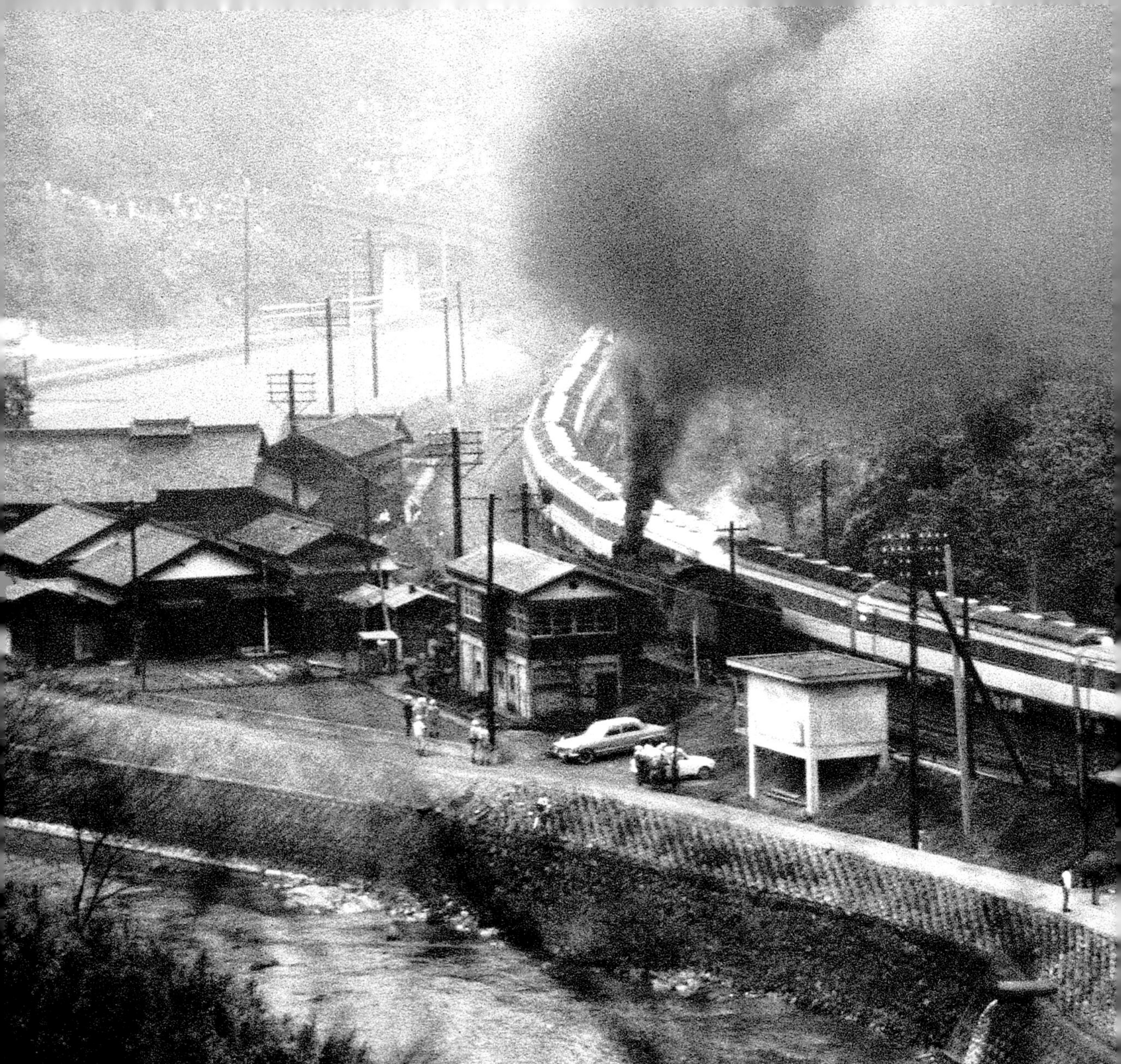

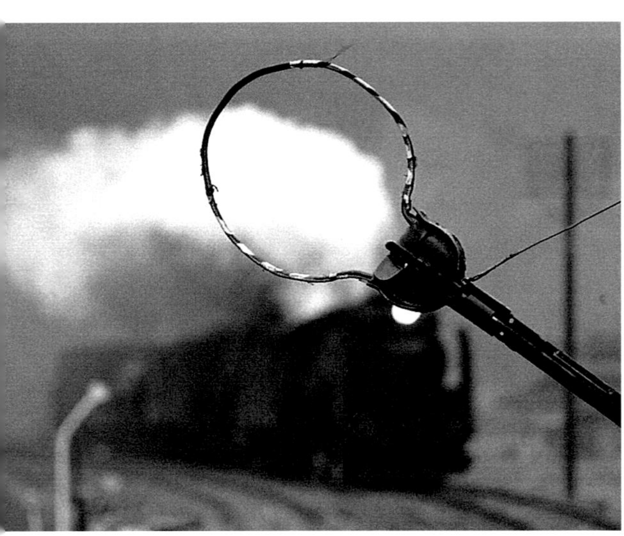

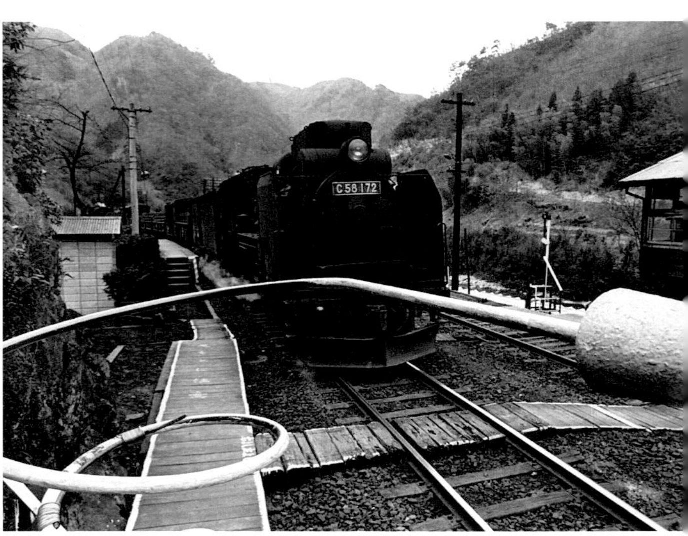
C58 172

左──布原信号場全景。キハ181系の下り特急「おき」は，昭和46年4月26日，伯備線経由で岡山－出雲市間に新設された。上り単機回送のD51と列車交換して信号場を通過する。この写真は試運転と思われる（昭和46年3月29日）

上──布原は今は普通の駅となっているが，当時は信号場といって主に列車交換のための施設であった。信号場では対向列車がなければ列車は通過する。しかし布原の場合は，ホームもあり駅標も立っており，職員もいた。普通に乗車下車ができた（昭和46年3月29日）

下──寒冷地では雪によるポイント凍結を防止するため，各ポイントに融雪用のカンテラが装備されていた。この日も積もった雪を溶かすためカンテラに火がともっていた（布原信号場，昭和44年3月12日）

下左──単線区間で一番怖いのが正面衝突事故。それを防ぐために区間ごとに決められた形の通票（タブレット）を持って運行する。それを入れるものが写真のキャリアと呼ばれるもの。信号場へ進入してくる列車の機関助士は運転席から身を乗り出し，キャリアを取る（布原信号場，昭和46年3月29日）

下中──貨物891列車は手前にあるタブレット受けにキャリアを引っかけて信号場へ進入。2814D急行「ちどり」の通過を待つ（昭和44年3月11日）

下右──布原信号場の事務室内にあるタブレット閉塞機。新見方面と備中神代方面の上下2つの閉塞機が並んでいる。駅同士の打ち合わせにより閉塞機から1枚のタブレットが取り出され，それがどちらかの駅の閉塞機に収まらない限り，次のタブレットは取り出せない仕組みになっていた（昭和44年3月11日）

貨物891列車と列車交換して布原信号場を通過していく2814D急行「ちどり」。松江城の別名・千鳥城にちなんだ「ちどり」は，米子と広島を結ぶ陰陽連絡急行。当時は夜行1往復を含め3往復が運転されていた。C58172は貨物列車の後補機（昭和44年3月11日）

857Dを待つD51三重連2492列車。写真には1パーミルの勾配表示が見えるが，裏側には苦ヶ坂トンネルに向けて25パーミルの表示がある（布原信号場，昭和46年3月29日）

布原信号場付近には，ＳＬに似合う風景がたくさんあった。川原に下りて緩やかな流れとたくましい機関車のコントラストを狙った（布原信号場－備中神代，昭和46年3月28日）

驀進するデコイチ。蒸気機関車の力強い鼓動が伝わってくる（布原信号場，昭和44年3月）

上左──朝霧の中，貨物475列車が井倉洞付近の高梁川鉄橋を静々と通過していく（方谷－井倉，昭和44年7月28日）

上右──高梁川沿いの崖っぷちを力強く登るD51牽引の貨物列車（方谷－井倉，昭和46年3月28日）

右・下──米子が近づくと伯耆の秀峰・大山がよく見える。D51861の貨物469列車が伯備線一番のビューポイントを通過。大山標識の奥には日本の原風景が広がっていた（伯耆溝口－岸本，昭和46年12月29日）

59

夕方から降り出した雪に覆われていく新見機関区。空一面から降ってくる
雪がハロゲン灯に照らされて、幻想的な光景だった（昭和45年3月19日）

上──新見機関区は夜も休みがない。一晩中汽笛が響き，出庫と入庫が続いている（昭和44年3月10日）
下──出庫を待つD51（新見機関区，昭和44年3月9日）

芸備線
備中神代－広島
159.1キロ

芸備線は大正1年に芸備鉄道により建設が始められ，一部国有化を経て延伸されていく。昭和12年には全線が国有化，現在の備中神代－広島間を芸備線とした。かつては木次（きすき）線経由の急行「ちどり」，「いなば」などが陰陽連絡急行として活躍した。写真は，備中神代駅を発車し本線に進入していくC58174牽引の旅客827列車（昭和45年3月20日）

上——備中神代から坂根に向かうC58牽引の旅客列車（昭和45年3月20日）

上——広島駅を発車する芸備線の旅客列車（昭和44年3月16日）
左——当時の広島駅では，呉線と芸備線の蒸気機関車が，電化された山陽本線の架線の下を窮屈そうに走っていた（昭和44年3月16日）

木次線
宍道―備後落合
81.9キロ

右 —— 中国山地を横切る木次線は，山陰本線・宍道駅から備後落合駅を結ぶローカル線で，軸重の軽い蒸気機関車が地元の足を支えていた。写真は，駅に入ってきた宍道行きのC56牽引上り列車（昭和44年3月9日）

下 —— 17時14分，木次線と芸備線のジャンクション・備後落合駅に3本の列車が勢揃い。左から出雲横田行き466D，新見行き866D，C58の広島行き827列車（昭和44年7月28日）

岡山県や広島県のこの辺りにはスキー場が多く，ラッセル車も大活躍（昭和44年3月9日）

下津井電鉄

茶屋町－下津井
21.0キロ
平成3年1月1日全廃

下── 下津井電鉄は線路の幅が762ミリしかないナロー鉄道で，全国でも4か所しかなかった。昭和47年に茶屋町－児島間14.5キロが廃止され，瀬戸大橋の開業後も末端の6.5キロ区間で頑張ったが，ついに廃止されてしまった。写真は，落書き電車「赤いクレパス号」。車内もビッシリと好きなことが書かれていた（下津井，昭和63年3月）

右── 25パーミルの急勾配，急曲線を下ると終点。駅前の下津井港から四国・丸亀へのフェリーが出航する（東下津井－下津井，昭和63年3月）

同和鉱業
片上鉄道

片上－柵原
33.8キロ
平成3年7月1日廃止

左── キハ700形は国鉄キハ07形を2ヘッドライトに改造したもの。途中，山陽本線・和気で国鉄線に連絡し，吉井川の流れに沿うように走っていた（天瀬－河本，昭和54年5月）

下── 吉井川を渡るキハ300形など2連のディーゼルカー。このほか，ブルートレインと呼ばれる客車列車が1往復あった（周匝〔すさい〕－美作飯岡〔みまさかゆうか〕，昭和54年5月）

左──岡山臨港鉄道は，宇野線・大元から出ていた路線で，貨物輸送が主力だった。当初，岡山港までの旅客営業も行っていたが，昭和48年からは岡南元町までの6.6キロに縮小している。腕木式信号機があり，タブレット閉塞だった。北海道の夕張鉄道からやって来たキハ7001が到着（岡南泉田，昭和54年5月）
上──座席がクロスシートのキハ7000形2連が，かつて児島湾だった干拓地を行く（岡南泉田－岡南福田，昭和54年5月）

岡山臨港鉄道
大元―岡山港
8.1キロ
昭和59年12月30日廃止

岡山電軌
岡山駅前―東山など
4.7キロ

下──岡山電気軌道はわずか2路線のミニ路線ながら，岡山駅前から岡山城や後楽園，夢二郷土美術館巡りなどにも便利な路線。現在は超低床車が導入され，今も元気に活躍している。東山公園の小高い丘が正面に見えれば，東山本線の終点（東山，昭和55年4月）
右──東武日光軌道線の廃止に伴い譲渡された3000形が主力だった。独特の小型パンタグラフが特徴（東山，昭和55年4月）

布原三重連 VS 墨絵の布原

見城正浩

「サークルじょうき」を結成していた高校時代は，春休みと夏休みを利用して，南九州や中国，関西に，仲間と遠征をしていた。ほかの時期は，近場の筑豊に二輪車で行くことが多かった。

毎朝1本，D51の三重連が走る布原信号場へは2回行った。有名になり始めた昭和44年と翌45年の春休み。

最初は高校1年の時であり，岡山県の山中はまだ寒さ厳しく，夕方到着した新見駅では，待合室でシュラフにくるまっても，とても眠れない。みんな老け顔であったため，小料理屋で熱カンに夕食となった。もはや時効であろう。もう一つ眠れない理由は，機関区が横にあり，一晩中汽笛とドラフト音が聞こえていたからであった。翌日は駅員の方から紹介されて，近くの「鉄道集会所」に泊まり，ようやく人心地がついた。布団と風呂に感謝。

初めての訪問の時は，まだそれほど撮影者は多くなかった。信号場の方たちも，建物の中に入れてくれ，いろんな話をしてくださった。

たった500メートルくらいの距離を，D51が3機，轟音を上げて通り過ぎる姿は，指先まで震えるほどの感動があった。

箱庭のような布原で1日を過ごし，集会所に戻ったが，3日目の朝は何と一面の銀世界。私たちはツイていた。前日とは違う，雪の中の三重連が撮れるのだ。ただひたすらフィルムを巻き上げ，シャッターを押し続けていた。

2回目の訪問は，翌年の春であった。そろそろ多くの撮影者が押しかけ始めたころでもあり，学校を（早目に）休んで出かけた。伯備線・布原から山陰本線の京都・保津峡，関西本線・鈴鹿越えの加太に行き，ついでに大阪万博も見ようという旅である。高校の担任もあきれ，許す親も大らかであった。

この時の布原は初めから雪の中であり，信号場から備中神代駅の方に歩くと，急峻な山あいはさらに深くなり，雪の中で線路だけが黒々と走っていた。200ミリレンズを路線に向けていると，ノソッとディーゼルカーが走ってきた。52ページ掲載の写真である。

段々と雪が強くなってきたころ，遠くにドラフト音が聞こえ，煙が見え始めた。105ミリのレンズで撮ったのが，このページの写真である。

私の大切な「墨絵の布原」。雪と雨の中の写真は，すべてが墨絵の世界となり，三重連にはない世界が現れる。

布原には，今でも2つの世界が残っているだろうか。

この日はずっと雪混じりの天気だった（布原信号場－備中神代，昭和45年3月20日）

山陰 II

保津川は大きく北に迂回してこの地点で山陰本線と合流する。写真はC57牽引の下り旅客923列車。川には川下りの船が浮かぶ（山陰本線・保津峡－馬堀，昭和45年3月21日）

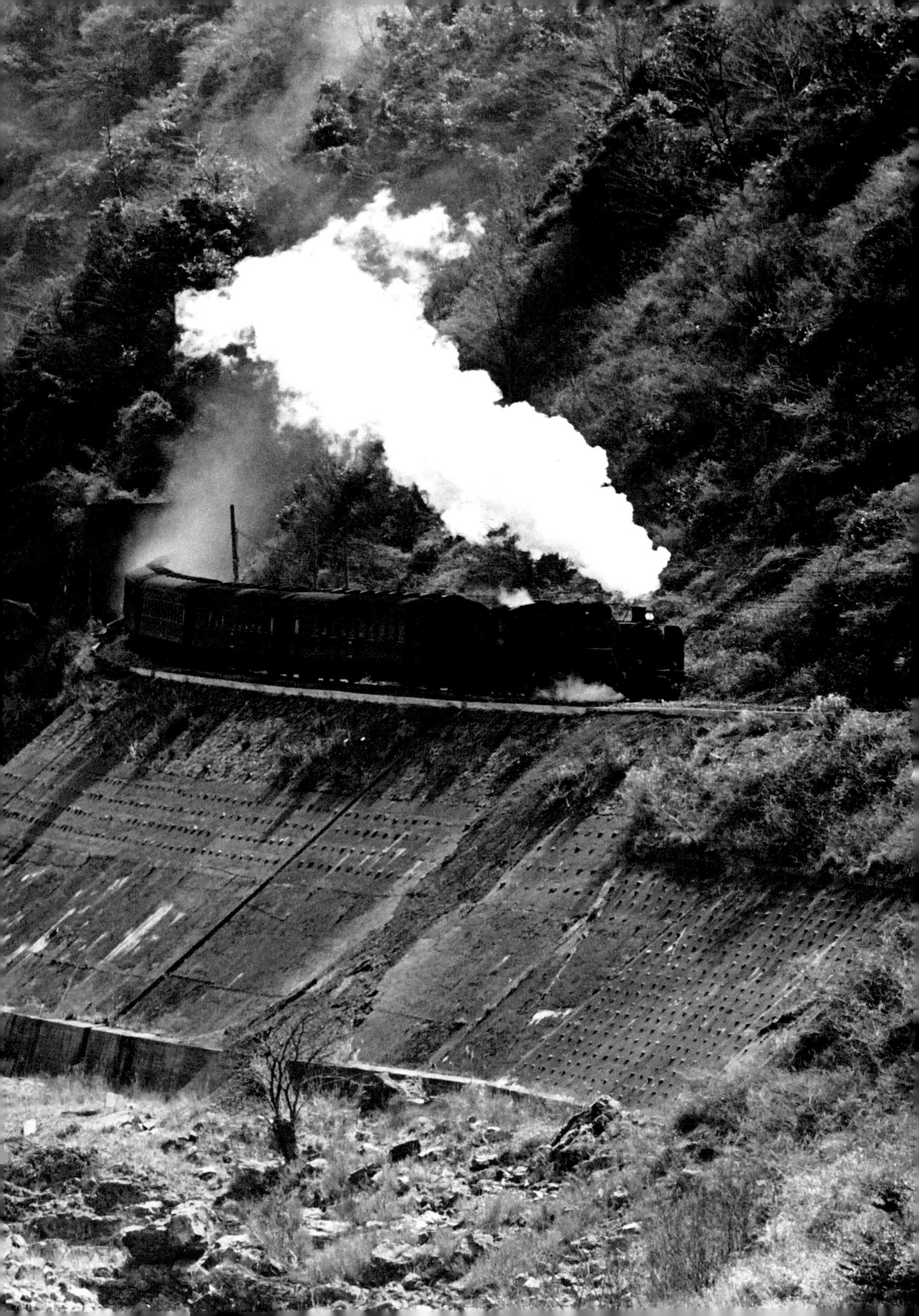

山陰本線
〈その２〉

京都—幡生〈京都—出雲市〉
677.6キロ〈386.2キロ〉

下——長大路線の山陰本線でも，昭和40年代の半ばを過ぎると，東側の京都口からC57やD51蒸気機関車に代わってディーゼル機関車ＤＦ50やＤＤ54による無煙化が始まる。それでも出雲では貨物列車に蒸気機関車が健在。D511の893列車とD51207の864列車がすれ違う（揖屋〔いや〕，昭和46年12月31日）

右——冠雪が美しい大山に見送られ，京都始発益田行き835列車がＤＦ50550の牽引で日野川を渡る。荷物輸送の必要から客車列車の運転は長距離，長期間に及んだ（伯耆大山—米子，昭和46年12月29日）

左── C57にひかれ，神話のふるさと・斐伊川を行く546列車。益田始発で綾部から列車番号を変え，舞鶴線・西舞鶴まで走る。運転時間15時間余（直江－出雲市，昭和46年12月30日）
上── それ急げ，師走だ。汽車が到着する。D51貨物3988列車もそろそろ出発だ（直江，昭和46年12月30日）

71

デコイチの愛称で親しまれていたD51を流し撮りで撮影。いつもと違う大変な迫力がある（来待〔きまち〕－宍道，昭和44年3月9日）

出雲平野では翌年の実りへの準備も終了。自然の肥料が大地を肥やす。休日運休の短距離選手，米子始発D51424の525列車が通過。次は終着・出雲市（直江－出雲市，昭和46年12月30日）

国道9号線傍で白煙を上げ宍道駅付近を快走する貨物列車。国道を走る自動車の形が時代を物語っている（昭和44年3月9日）

右——高さ41メートル，全長309メートルの余部（あまるべ）大鉄橋を，浜田始発福知山線経由大阪行きの長距離ドン行726列車がＤＦ50に牽引され渡っていく。明治45年3月の完成で，京都－出雲市間で最後の難関だった。山陰本線の全通は昭和8年，西の須佐－奈古間（鎧－餘部，昭和47年8月3日）

下左——思いがけず遭遇した，Ｃ57が牽引する海水浴臨時列車。夏の海水浴シーズンには大阪や京都から山陰や丹後の海へ「但馬ビーチ号」，「はしだてビーチ号」などの臨時急行列車が運転されていた（竹野，昭和46年7月18日）

下右——城崎駅に進入するキハ82系浜田行き下り特急「やくも」。このころは「まつかぜ」と「やくも」の2往復の特急が12両の長大編成で山陰路を快走しており，まさに王者の風格があった（昭和46年7月19日）

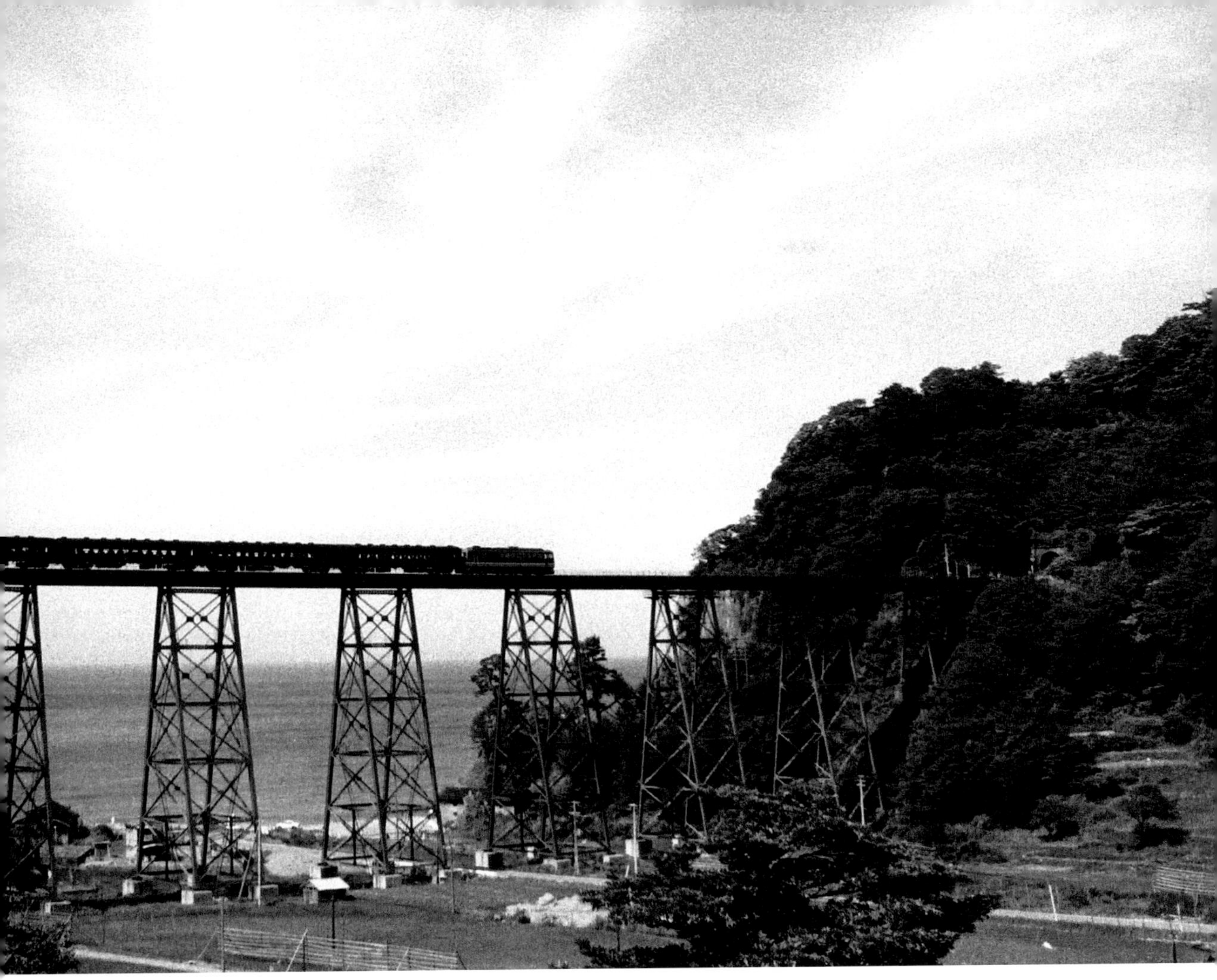

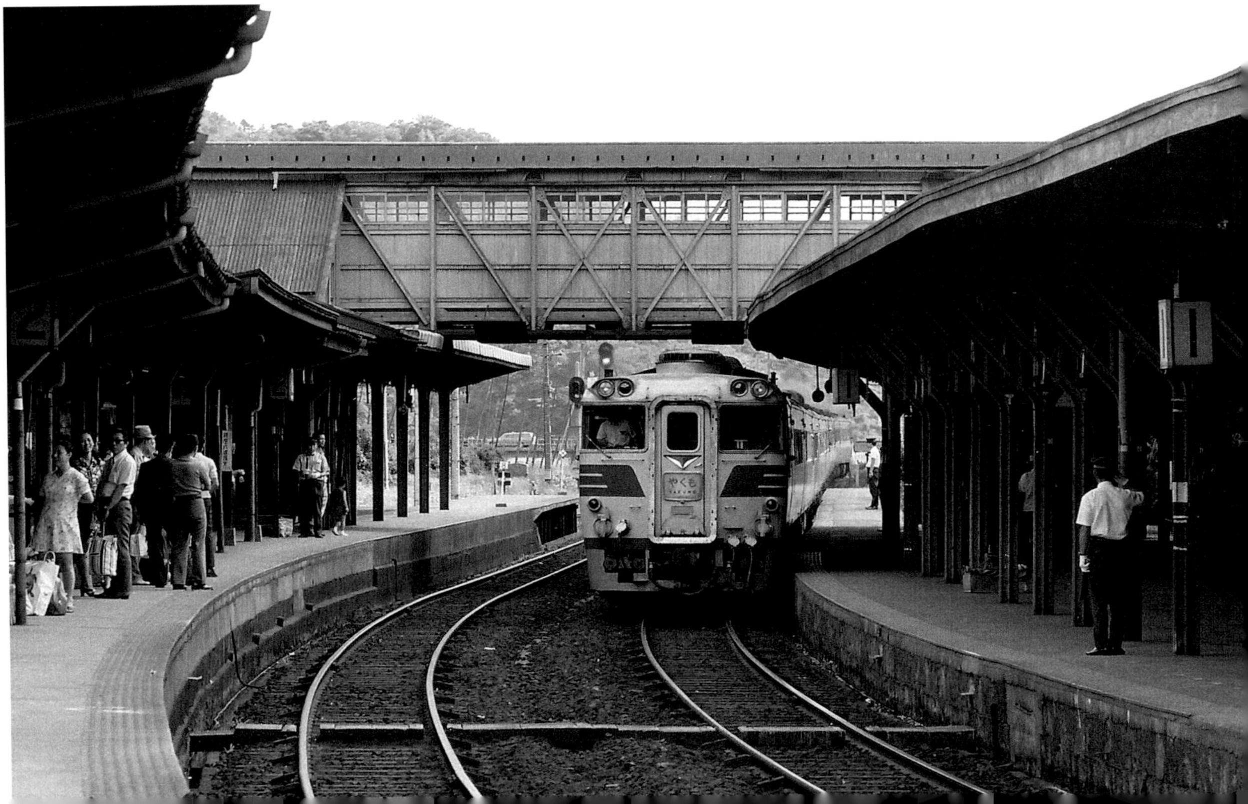

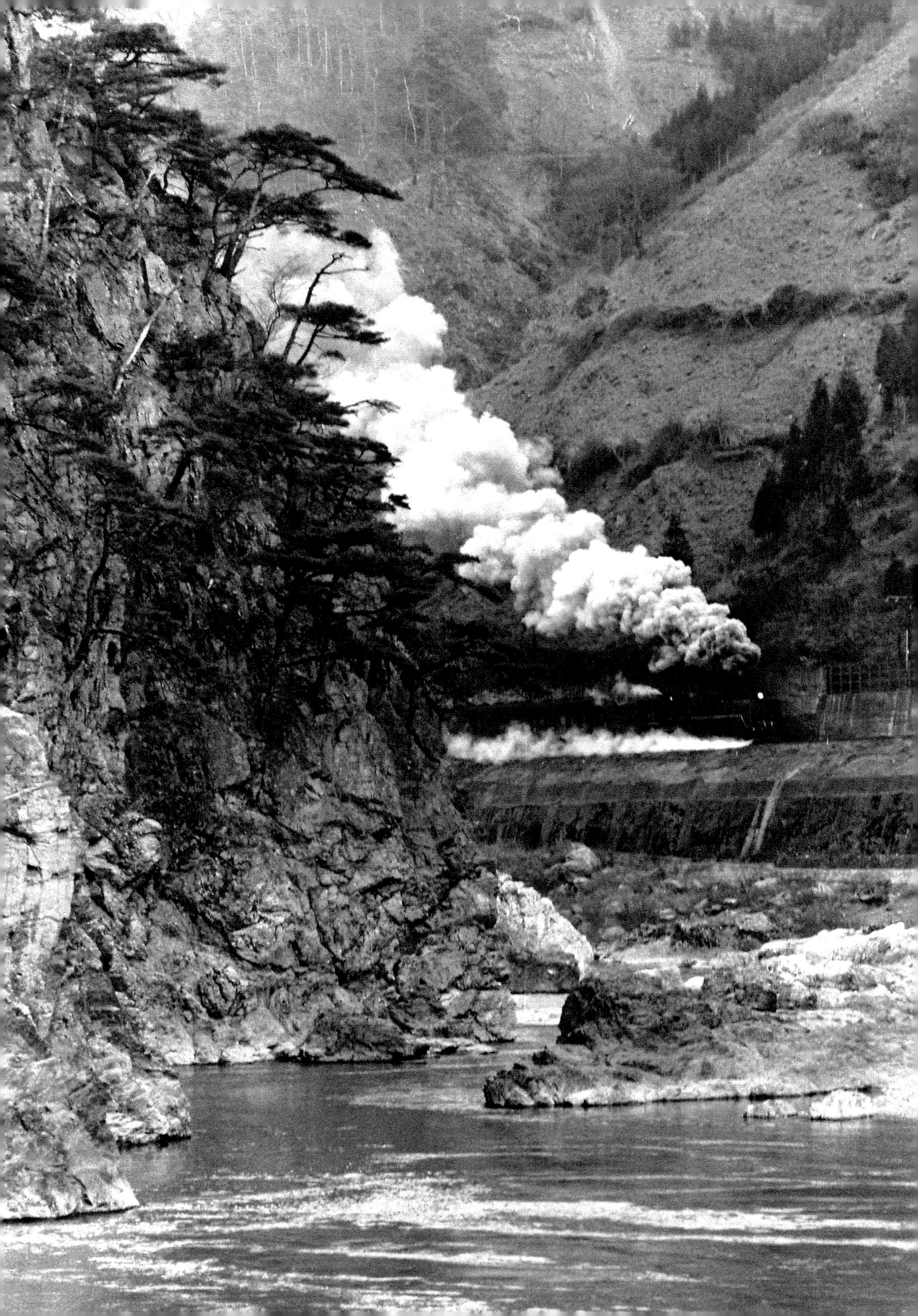

左── 保津峡の夕方，下り旅客1827列車が行く。
　まさに墨絵の世界（昭和45年3月21日）
上── 霧にかすむ峡谷の駅・保津峡を，客車を牽
　引して静かに出発するC57（昭和45年3月下
　旬）

右── 保津峡駅前に架かる吊り橋は，駅に行くた
　めの唯一の通路。その向こうを機関車が疾走す
　る（保津峡，昭和45年3月下旬）
下── 保津峡駅から下り貨物863列車が出発する
　（昭和45年3月21日）

保津峡から馬堀に向かう旅客
1827列車（昭和45年3月21日）

保津峡に川下りの船が行く。保津川下りの終点は京都・嵯峨野。嵐山と小倉山に挟まれ，すぐ下流には渡月橋が架かる観光名所である。本線では上り貨物888列車が川沿いをひた走る（保津峡－馬堀，昭和45年3月21日）

保津川の急流を眼下に見ながら，D51牽引の上り貨物862列車が保津峡駅を目指す（保津峡－馬堀，昭和45年3月21日）

大社線

出雲市ー大社
7.5キロ
平成2年4月1日廃止

右――出雲大社詣でに活躍した大社線は歴史が古く，明治45年6月1日開業。出雲市駅（昭和32年まで出雲今市駅）以西の山陰本線の開通よりも早かった。大社線内は普通列車となったが，「だいせん」，「おき」，「大社」といった急行が大阪，京都，名古屋から直接乗り入れた。
写真は，C11がバック運転でひく127列車（荒茅－大社，昭和46年12月29日）

下 ── 普通125列車は，旧一等車のグリーン車にＡ寝台，Ｂ寝台を連結した急行「だいせん２号」そのままの豪華編成。正月を故郷で過ごす人たちの終着駅はもうすぐ（出雲高松－荒茅，昭和46年12月29日）

右 ── Ｃ11がひく126列車は，急行編成を使った長大12両の通勤列車（出雲高松－荒茅，昭和46年12月29日）

上 ── 今も残る重厚で風格のある社殿造りの大社駅（昭和54年４月）

下 ── 途中駅・荒茅に128列車が到着する。このころは朝の通勤時間帯の２往復だけがＳＬ列車で，ほかはディーゼルカーだった（昭和46年12月29日）

倉吉線

上井－山守
20.0キロ
昭和60年4月1日廃止

下 ── 明治45年，倉吉軽便線として産声を上げた倉吉線。廃止されてしまったこの路線にも夢があった。蒜山（ひるぜん）高原の裾野にポツンと行き止まりの終着駅・山守がたたずんでいた。この先，「南勝線」として姫新線・中国勝山とを結ぶ計画もあったのだが，見果てぬ夢だった。
写真は，Ｃ11の混合423列車。貨車5両に客車は2両（倉吉－上灘，昭和47年8月10日）

上 ── 長い貨物列車？　いえ，西倉吉行き旅客423列車。後ろに客車をつないだ混合列車でお客さんを待つ。ここは，開業当初は倉吉，次に60年間上井を名乗り，また倉吉に駅名改称した先祖返りの駅（昭和47年8月10日）

下 ── 冷房はなくとも，窓が開く汽車時代。子供たちが客車列車から手を振る（小鴨－上小鴨，昭和54年5月）

上──大社線を行く元武蔵野鉄道のデハ70形の急行電車。一畑電鉄は山陰地方唯一の私鉄で，県都・松江から宍道湖の北岸を走り，電鉄出雲市へ。途中，一畑口でスイッチバックする線形も特殊。かつて，ここから一畑薬師へ延びる路線もあった。川跡から大社線が分岐し，出雲大社前に向かう（浜山公園北口－出雲大社前，昭和47年8月5日）

一畑電鉄
北松江－電鉄出雲市など
42.2キロ

上──特急電車も走った。元西武のデハ60形の座席はクロスシートで快適。宍道湖南岸を行く国鉄・山陰本線の汽車と，仲良くお客さんを分けていた。北松江（このころ松江温泉と改称。現在は松江しんじ湖温泉）と国鉄・松江は松江大橋を挟み遠く離れている（電鉄出雲市，昭和46年12月30日）

左──国鉄線と線路がつながっていて，貨物列車も運転された。ＥＤ221が牽引して出発進行！ 一畑電鉄はここから南へ，かつて立久恵峡（たちくえきょう）へも路線を延ばしていた（電鉄出雲市，昭和47年8月10日）

83

上── 北丹鉄道は福知山－宮津間の直通鉄道を目指していた。廃止後，その計画は第三セクター「宮福鉄道」に引き継がれ，昭和63年に福知山－宮津間30.4キロが開通，平成1年には宮津線と統合して「北近畿タンゴ鉄道」が発足した。今や大阪から宮津，天橋立方面へのメインルートである。写真は，営業休止から1年を経過したころ。本社があった福知山西の車庫には，旧国鉄の車両キハ101がほぼ原形をとどめて保管されていた（昭和47年2月19日）
右── シンボル的な2両の客車。手前はダブルルーフ式木造2軸車ハ12，奥はタマゴ型木造電車を改造したハニ11（昭和47年2月19日）

北丹鉄道

福知山－河守
12.4キロ
昭和46年3月2日営業休止
昭和49年廃止

加悦鉄道

丹後山田－加悦
5.7キロ
昭和60年5月1日廃止

左── 大正期の洋風建築で風格のある終点・加悦駅。駅構内には古いSLや客車が並ぶSL広場があった（現在は旧鉱山駅跡地に移転。重要文化財の2号機関車などが展示されている）。特産の丹後縮緬（ちりめん）と歩んできた歴史ある鉄道だった（昭和58年4月）
下── 国鉄宮津線・丹後山田（今は北近畿タンゴ鉄道に転換，駅名も野田川に改称）で加悦鉄道に乗り換え。一番奥が加悦行きの加悦キハ10形（昭和58年4月）

保津峡撮影記

新原和俊

上──ヒッチハイクでやっとたどり着いた亀岡駅で。このあと，もう一度保津峡へ戻った（昭和45年3月21日）
下──保津峡駅に着いて2本目のSL牽引旅客1827列車。この写真を撮ったあと4時間も歩き続けなければならないとは想像もできなかった（保津峡－馬堀，昭和45年3月21日）

数え切れないほど列車に向けてシャッターを切った。1コマ1コマが，現在も鮮明な記憶として私に刷り込まれている中で，とりわけ印象深い写真がある。

小6の頃，初めてお気に入りの写真が撮れた。博多駅の481系ボンネット型「はと」。生まれ育った六本松（福岡市中央区）の「ありみカメラ」店主から，「これはいい写真だ」と褒められた記憶とともに，私の脳裏に今もある。

瀬戸内の海岸線を疾走する急行「安芸」，布原のD51三重連，C622の急行「ニセコ」。いずれも，年月を重ねるごとに一層鮮やかになる。

そんな忘れられない思い出のひとつに，山陰本線・保津峡がある。ここが他の撮影地と一線を画するのは，その雄大な景観にある。江戸時代，角倉了以が丹波からの水路を拓いたというが，相当の難所だったに違いない。

保津峡を訪れたのは，昭和45年3月21日午前8時頃。駅を出て保津川（嵐山に架かる渡月橋より下流を「桂川」と呼ぶ）に架かる橋を対岸に渡る。駅付近で何枚かシャッターを切った後，川原を馬堀駅方面へ歩き始める。

川の流れに並行して2キロほど対岸の河原を歩きながら下り客車1本撮影。ここから，川は大きく右に蛇行，本線からみるみる離れる。しばらく川に沿って歩くと，線路は全く見えなくなった。対岸に渡ろうにも橋がない。後戻りができない以上，線路が見えるまでひたすら歩くしかない。

さらに進むと川原は狭くなり，断崖絶壁をよじ登るように進む。命懸けという言葉が決して大袈裟ではないほどだった。

歩き始めて4時間，午後1時過ぎに，やっと流れは本線沿いに戻った。「山陰Ⅱ」の扉の写真はこうした苦労の末撮影された。忘れられない1枚だ。川下りの船が嵐山方面へ，激流の峡谷を縫うように下っていくのが遠くに見える。

現在，複線電化された新線が開通し，旧線は嵯峨野観光線となり，多くの観光客が峡谷の風光を楽しんでいる。

関西

鈴鹿山脈の合間を走る関西本線の最大の難所・加太（かぶと）から中在家（なかざいけ）信号場へ向かう旅客列車（昭和45年3月22日）

関西本線
名古屋－湊町
175.1キロ

右——雨の降りしきる中，加太越えの急勾配を登るD51（加太－中在家信号場，昭和47年3月下旬）

下——名古屋－湊町（現・JR難波）間175.1キロを結ぶ関西本線は，2つの大きな山塊，峠を越える。そのうち最大の難所は，鈴鹿山脈の中の加太－柘植（つげ）間で，途中の中在家信号場までは通称「加太越え」と言われ，列車にとってはつらい急勾配の区間である。しかしそこは，広く俯瞰できる築堤があり，後補機付きの列車が見られる，撮影のメッカでもあった。
写真は，D51のひく旅客列車。春が少し遅れたこの年，梅の花がほころんでいた（加太－中在家信号場，昭和45年3月22日）

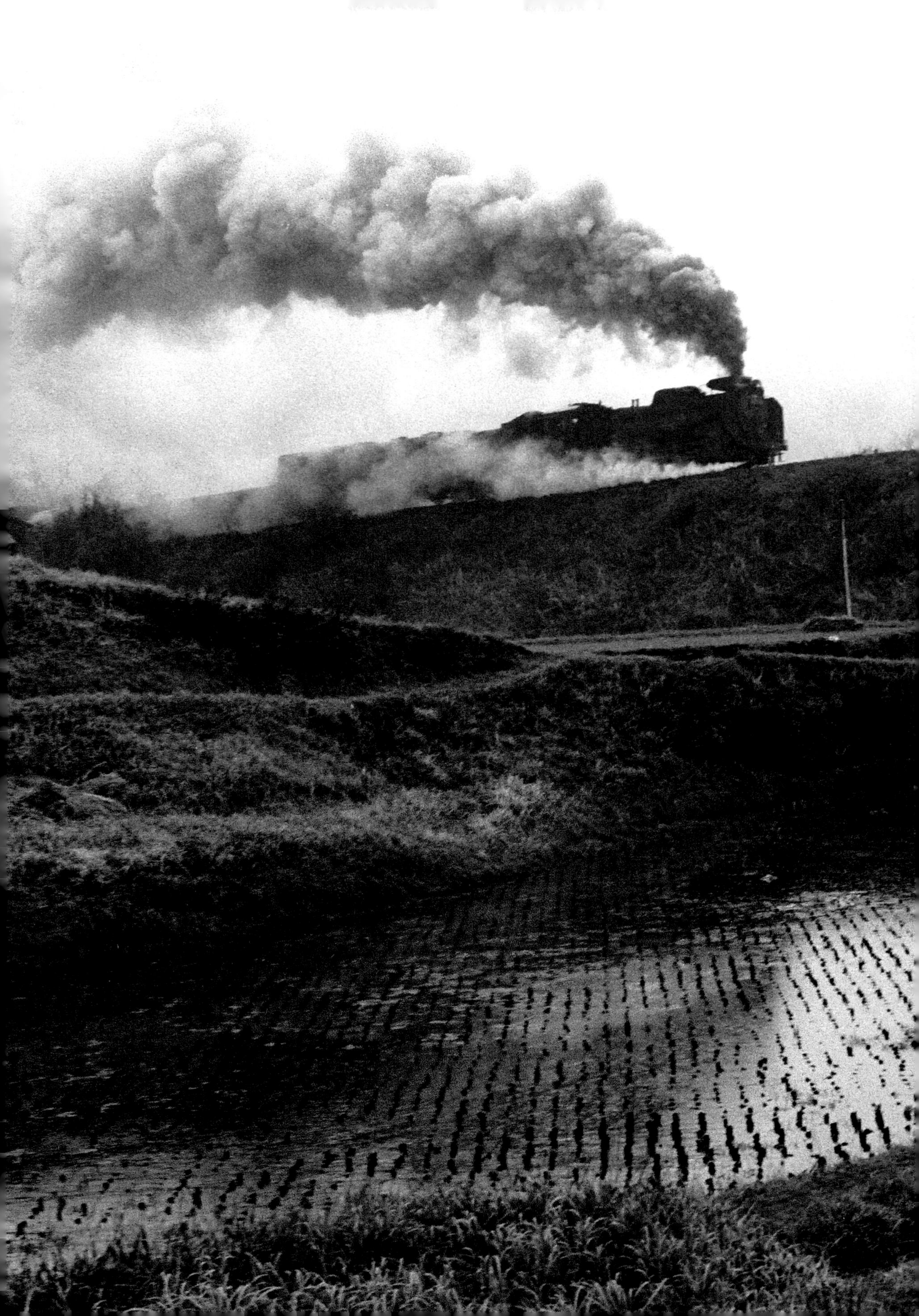

中在家信号場で上りディーゼル326Dと列車交換して本線を下っていく，D51750牽引の旅客725列車。右に見える線路は，2線あるスイッチバックの発着線（中在家信号場－柘植，昭和45年3月22日）

上──カマボコドームを持つ３次型（戦時型）D51が，上り貨物264列車を牽引して下り勾配を疾走する（加太－中在家信号場，昭和45年3月22日）

左──加太越えの急勾配を下り，絶気して加太駅に向かう貨物788列車の後補機（加太－中在家信号場，昭和45年3月22日）

下──中在家信号場から加太方面へ，雨中の下り貨物263列車の後補機。本機と力を合わせて25パーミルに挑む（昭和45年3月22日）

右 —— 霧雨の中,長大なタンク車をひいて中在家信号場を出発するD51。最後尾には後補機が付いている（昭和47年3月30日）
下 —— 信号場は,単線区間の長い所に,上り下りの列車交換,行き違い用に設置された。ここでも必ずタブレットが渡される（昭和45年3月22日）

左 —— 雨に煙る中在家信号場（昭和45年3月21日）
上 —— 向こうに見える煙は先頭機のもの。火事に間
　　違えそう（加太，昭和45年3月22日）

左──下り貨物263列車が加太駅へ進入してくる（昭和45年3月22日）
右──加太越えの撮影名所の大築堤を俯瞰する（加太－中在家信号場，昭和45年3月22日）

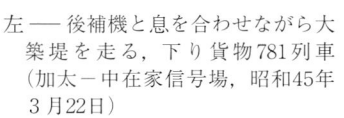

左──後補機と息を合わせながら大築堤を走る，下り貨物781列車（加太－中在家信号場，昭和45年3月22日）
右──貨物用のD51が旅客列車を牽引する団体専用の「スズカランド号」。D51がヘッドマークを付けて誇らしげに走っていた（加太－中在家信号場，昭和47年3月30日）

7両の客車を牽引し，美しいカーブを描いて，噴き上げる煙とともに走り去っていく（加太－中在家信号場，昭和47年3月30日）

播但線

姫路—和田山など
71.3キロ

右——姫路から山陰を結ぶ陰陽連絡線の播但線。それまでの急行「但馬」に加え,昭和47年3月15日の全国白紙ダイヤ改正で,播但線にも大阪と鳥取を結ぶ特急「はまかぜ」が誕生している。ただし,当初,線内はノンストップだった。また関西都市圏に近く,都市近郊区間の特徴も併せ持っていた。
写真は,雪の始発駅・寺前で発車を待つC11牽引の1632列車(昭和47年2月28日)

右——真夏の昼下がり,生野駅を目指し,黒煙を上げて喘ぎながら峠を登るC57牽引の636列車。昼間のC57の列車は少なく,貴重な1本(生野—新井,昭和46年7月18日)

左——和田山発姫路行き636列車の車内風景。オハ41365だが,通勤輸送対応のロングシートだった(仁豊野〔にぶの〕—香呂,昭和47年2月28日)

下——姫路駅に到着したC57牽引636列車。C57とC11が牽引する旅客列車は地元の重要な足であった(昭和46年10月3日)

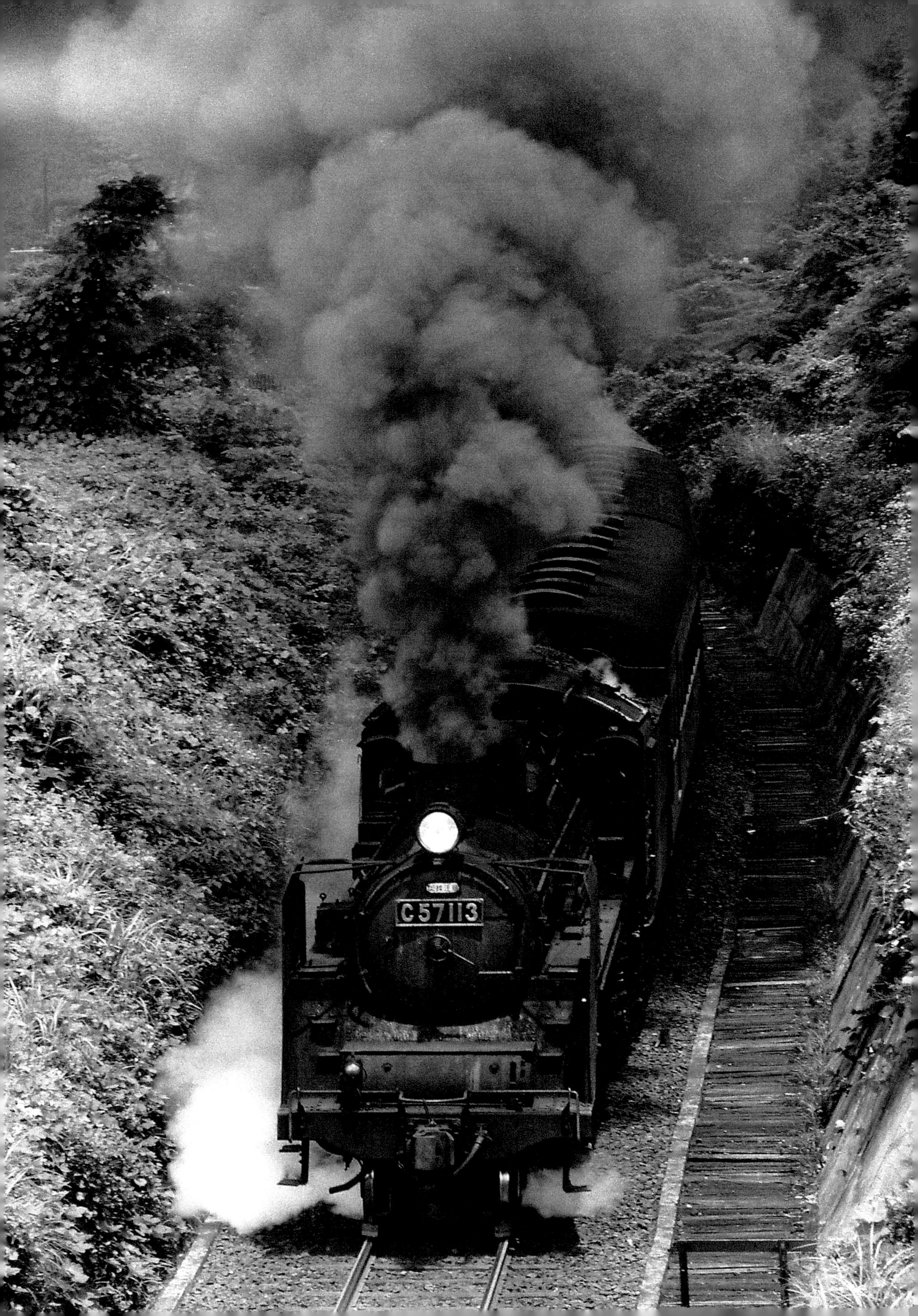
C57113

上 —— 寺前駅付近の田んぼの中を驀進するＣ57牽引の691貨物列車。この列車はＤＤ54の補機なしで生野越えをする（新野
　　－寺前，昭和47年２月19日）
下 —— 貴重な昼間のＣ57牽引631列車。山も深くなり，まもなくサミットの生野駅（昭和47年２月19日）

上 —— 新井駅から生野駅へ向けての勾配区間を登るC57牽引636列車（昭和47年3月18日）
下 —— 猛吹雪の中，C5795がひく和田山行き631列車が爆進する（寺前－長谷，昭和47年2月28日）

小浜線

東舞鶴—敦賀
84.3キロ

下── 舞鶴から小浜を経て敦賀までの風光明媚な海岸線を走る小浜線では，C58が活躍していた。また，北陸・名古屋と山陰を結ぶキハ58の急行「大社」が9両編成で軽快に走り抜けていた。
写真は，真夏の夕刻，小浜から勢浜（せいはま）に向けての峠を登るC58牽引の924列車。18時近いが，真夏ゆえに明るい（勢浜—小浜，昭和46年7月15日）

右── 昼近く，敦賀に向かっていくC58重連の921列車。この区間は勾配もなく，煙を出さずに軽快に通過していった。向こうには小浜湾の青い海が見える（加斗—勢浜，昭和46年7月16日）

北陸本線

米原―直江津
356.7キロ

左——北陸本線は，米原駅から新潟県上越市の直江津駅を結ぶ幹線で，関西・中京地区から北陸方面へのメインルートである。現在，大阪・名古屋方面から金沢・富山方面には多数の特急列車が運転されているが，大阪方面からの特急列車はすべて湖西線を経由する。写真は，敦賀から山を越えて米原に向かうＥＤ70牽引の旅客列車。北陸線ではすでにＥＦ70が主力となっており，古豪ＥＤ70も引退間近のころであった（新疋田－敦賀，昭和49年10月10日）

下——当時はすべての列車が米原経由で大阪方面と北陸を結んでいた。老舗の475系電車急行「兼六」が新疋田を通過する。グリーン車2両，ビュッフェ1両を含む堂々12両編成である（昭和49年10月10日）

草津線
柘植―草津
36.4キロ

草津線は関西線・柘植と東海道本線・草津を結ぶ路線で，途中，貴生川で信楽線と連絡していた。かつて急行「志摩」，「平安」など，京都と伊勢・名古屋を結ぶ優等列車が走っていた。今は関西線との直通列車はない。写真は，D51牽引の725列車。当時，草津線から京都方面に3往復のD51旅客列車が走っていた。真夏の朝の風情である（石部，昭和47年7月22日）

阪和線
天王寺―和歌山など
63.0キロ

阪和線には天王寺－和歌山間に加え，鳳－東羽衣間の支線が含まれる。大阪と和歌山，白浜，新宮を結ぶメインルートであったが，現在は関西国際空港への重要なルートにもなっている。写真は，杉本町駅に停車中の，和歌山から竜華操車場に向かうEF52の貨物列車。EF52は昭和3年に誕生した国産初の本格的電気機関車であり，晩年は阪和線で活躍したが，昭和50年8月に姿を消した（昭和50年3月4日）

京都市交通局

京都駅前―烏丸車庫前など
75.1キロ
昭和53年10月1日全廃

日本で最初の路面電車として開通した京都市電。昭和30年代前半が最盛期であったが、昭和36年に狭軌の北野線（N電）が廃止となった。昭和45年からは本格的に廃止が進み、昭和53年に最後の6区間がすべて廃止となった。
写真は、東寺の五重塔を横に九条通を快走する京都市電（九条大宮、昭和48年3月1日）

上――歩道のない狭い東山通を走る京都市電（東山三条，昭和48年3月1日）
右――伏見・稲荷線のお別れ電車。市民が名残惜しそうに電車を見つめている。京都市電は，この伏見・稲荷線の廃止（昭和45年4月1日）を境に，次第に姿を消していった（京都駅前，昭和45年3月下旬）

野上電鉄

日方―登山口
11.4キロ
平成6年4月1日廃止

下――野上電鉄では，紀勢本線・海南駅との乗り換えの便を図るため，起点の日方駅からわずか100メートル先に「連絡口」という別のホームが設けられていた。正面5枚窓で元阪神のモハ24の乗り心地を楽しむ。野上電鉄は大正から昭和初期生まれの旧型小型電車の宝庫だった（下佐々―登山口，昭和57年7月）

上――元富山地鉄・笹津線からやって来たデ10形が切通し区間をゆく（動木〔とどろき〕―竜光寺前，昭和57年7月）

京福電鉄

出町柳―鞍馬など
25.4キロ

下――京福電鉄は京都府と福井県に路線を持っていたので，この社名となっている。京都では路面電車タイプの嵐山線と郊外線のイメージの叡山線がある。写真は，太秦（うずまさ）に停車中の四条大宮発嵐山行きの嵐電（らんでん）。当時はまだトロリーポールが残っていた。太秦は弥勒菩薩で有名な広隆寺の前にある駅。この付近は，京都では唯一残る道路との併用軌道だ（昭和48年10月6日）

上――叡山線の懐かしのポール集電の元阪神車・デナ500形が京都市電と平面交差する（元田中付近，昭和53年9月10日）

遙かなり播但線C57追跡

中楯　潔

豊岡機関区和田山支区の名機C5711。九州で特急「かもめ」などを牽引していた門鉄デフのC5711は、その後、本州に転籍、集煙装置を付けひっそりと福知山線や播但線を走っていた。たまたま訪れた和田山支区でその姿を見ることができた（昭和47年2月18日）

　私を鉄道写真の世界に引きずり込んだのは東京の伯父である。高校入学前に東北本線・奥中山のD51三重連の写真を見せられたのがきっかけであった。

　昭和47年2月、伯父がマイカーで播但線のC57三重連の撮影を計画していることを知り、同行させてもらうことにした。私は夜行で姫路乗り換え、伯父は真夜中愛車三菱ギャランを飛ばして西下、携帯電話のない時代に、無事播但線の溝口駅で合流することができた。

　当時播但線ではC57とC11が活躍しており、姫路から寺前までの平坦区間ではC11の旅客列車も走っていたので、撮影可能な列車本数も多かった。C57は旅客4往復、貨物4往復の運用であったが、生野越えの勾配区間ではC57の前にDD54の補機が付くので、撮影の対象になるのは旅客列車1往復と、DD54の補機が付かない貨物の1本だけであった。

　私は初めて車で列車を追いかける醍醐味を味わうことができた。寺前から生野に向かってこの貨物列車を追いかけ、何回も追いついては撮影をすることができた。さらに、この日は貨物列車1往復にDD54の補機が付かない幸運があり、列車で移動すればわずか3本しか撮れない生野越えを何回も撮影できた。2日間で36枚撮りフィルムを4本も撮影したことになる。

　この線の目玉はドラフトを轟かせ生野の山を越えるC57の列車であり、この迫力満点の姿を数多く目の当たりにすることができたので、2人とも大満足であった。列車の途切れた時間帯に訪問した和田山支区では、かつて九州を走った名機C5711に遭遇することができた。会いたかった機関車の一つであり、何度もシャッターを押し続けたのである。

　私の播但線撮影はこれが最後であり、この線から煙が消えたのは、その年の夏であったと記憶している。

　そして今、博多行きの500系のぞみに乗ると、姫路駅付近を時速300キロのスピードで通過する。白鷺城は変わらないが、播但線ホームには電車の姿が見える。C57を追いかけてから33年の時が流れた。

四国

国鉄宇高連絡船・宇野港行き。この連絡船は明治4年に宇野－高松航路が開設，大正10年に貨車航送，昭和25年には客車航送も開始された。しかし，昭和30年の「紫雲丸」沈没事故により，客車航送は中止，昭和63年の本四備讃線（瀬戸大橋線）開設に伴い，4月9日限りでフェリーの運航は廃止。その後も就航していた高速艇「しおかぜ」も平成3年に廃止された（昭和44年3月12日）

土讃本線

多度津ー窪川
198.9キロ

右 ── 土讃本線の歴史は，明治22年，讃岐鉄道による多度津ー琴平間の開通に始まる。その後，琴平ー佃，佃ー三縄，豊永ー須崎間がそれぞれ別の路線として建設されていった。昭和10年，三縄ー豊永間の開業により多度津ー須崎間が開通，土讃線となる。須崎から順次延伸され，昭和26年に窪川まで全通。昭和38年，中村線（現・土佐くろしお鉄道中村・宿毛線）の開通により土讃本線と改称されたが，国鉄民営化後の名称改正で再び土讃線となった。
写真は，多度津機関区で待機中のＤＦ502号機（昭和43年3月下旬）

下 ── 昭和44年に四国地方の蒸気機関車は全廃された。その前年，多度津駅構内で入換作業中のシゴハチを撮影することができた（昭和43年3月下旬）

急行「あしずり」は，昭和45年10月に開業の中村線・中村などと高松を結んだ土讃本線急行。ほかに高知－高松間の短距離急行「土佐」や，徳島線を経由する急行「よしの川」も併結されて走った（窪川，昭和49年3月8日）

昭和47年3月に誕生したキハ181系特急「南風」は，この当時もまだ1往復だけで貴重な存在だった。中村－高知間274.9キロを約4時間半かけて走った（窪川，昭和49年3月8日）

左 ── 金毘羅参りの玄関駅・琴平。多度津－琴平間は讃岐鉄道の一部として開業した，四国で最も古い区間である（昭和49年3月10日）

下 ── 金毘羅宮の本宮までは，参道から785段の石段を登らなければならない。そこで写真の「石段籠」が活躍する。本宮からの讃岐平野と象頭山の眺めはすばらしかった（金毘羅宮参道，昭和44年3月13日）

宇和島線

北宇和島-江川崎
33.6キロ
昭和49年3月1日，
予土線に改称

右——宇和島線は，大正3年，宇和島鉄道により軌間762ミリの軽便鉄道として開業。昭和8年に国有化され，のちに1067ミリに改軌された。昭和28年，高知県の江川崎まで延伸し，予讃本線・北宇和島からの行き止まり支線となった。昭和49年，江川崎－若井間の開業で全通，予土線と改称された。愛媛県と高知県を結ぶ唯一の路線である。現在は，土佐くろしお鉄道中村線を経由して窪川まで乗り入れ，宇和島－窪川間で運行している。

写真は，北宇和島から江川崎方面に向けて急勾配を登り，山間に入るC12。貨車1両，客車3両をひいて，ゆっくりと走っていく。当時，宇和島線では3往復のSL旅客列車が走っていたが，1週間後のダイヤ改正ですべてディーゼル化された（北宇和島－務田，昭和43年9月22日）

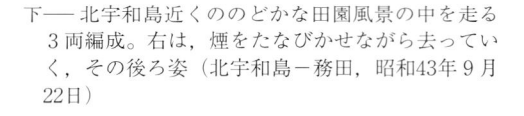

下——北宇和島近くののどかな田園風景の中を走る3両編成。右は，煙をたなびかせながら去っていく，その後ろ姿（北宇和島－務田，昭和43年9月22日）

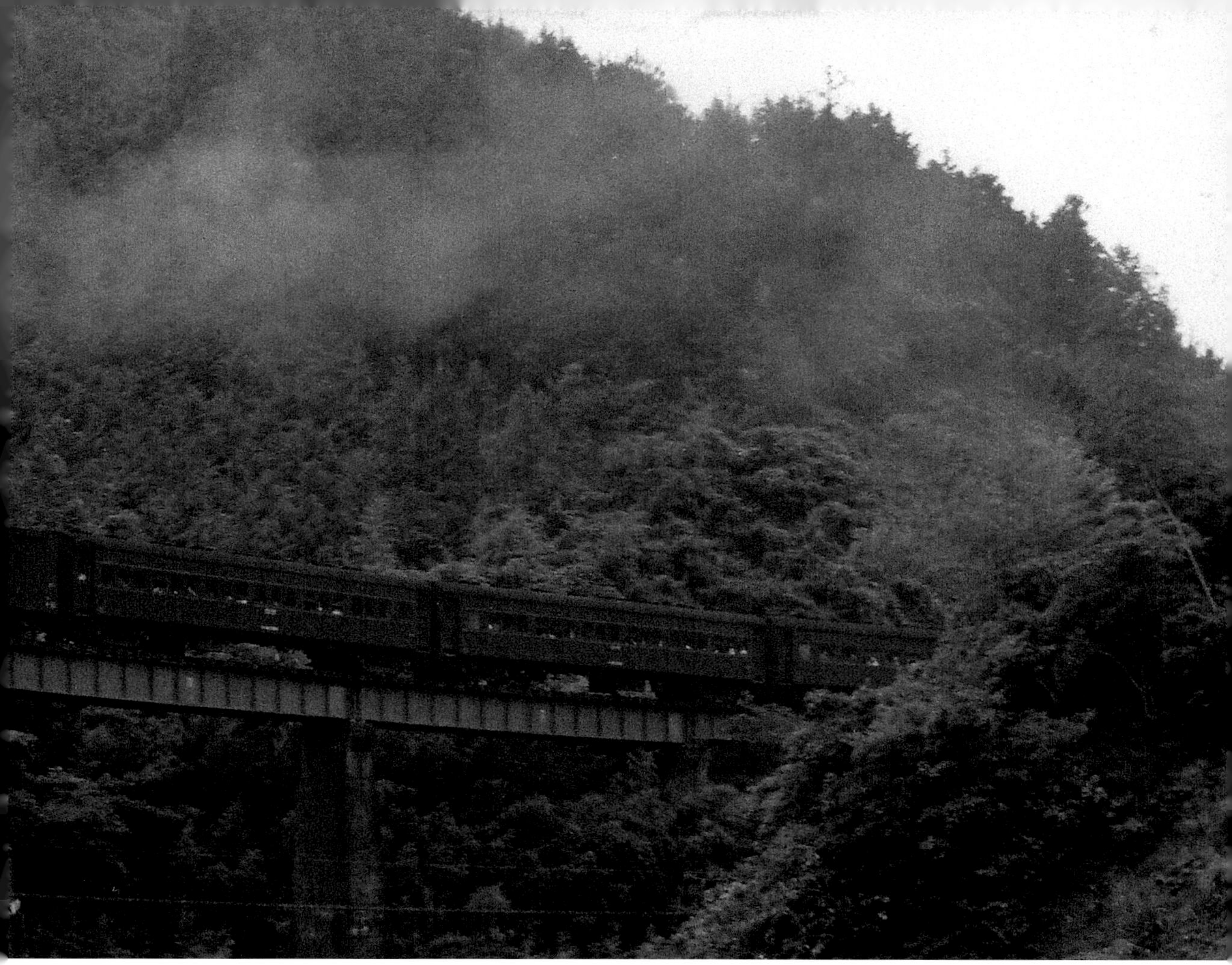

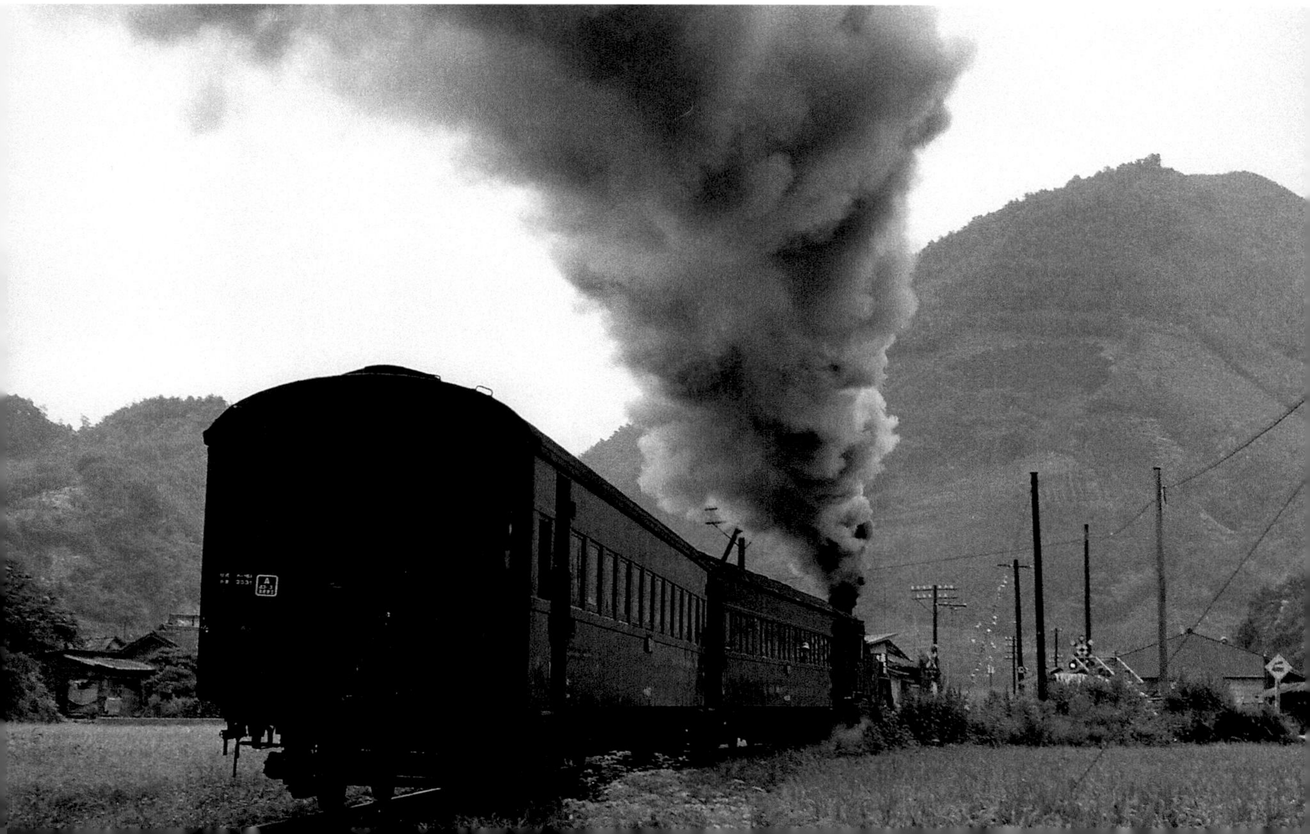

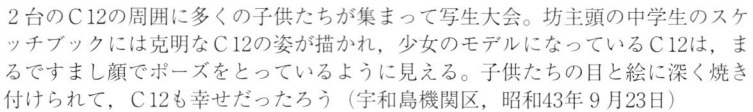

2台のC12の周囲に多くの子供たちが集まって写生大会。坊主頭の中学生のスケッチブックには克明なC12の姿が描かれ，少女のモデルになっているC12は，まるですまし顔でポーズをとっているように見える。子供たちの目と絵に深く焼き付けられて，C12も幸せだったろう（宇和島機関区，昭和43年9月23日）

宇和島駅に到着した急行「うわじま5号」609Dと、高松に向かって出発間近の急行「うわじま7号」614D。どん詰まりのホームの端を歩き、改札口に向かう「うわじま5号」の乗客たち。終着駅の風情が漂っている（昭和48年11月16日）

内子線

五郎ー内子
10.3キロ
昭和61年3月3日
五郎ー新谷間廃止

右──内子線は，大正9年，愛媛鉄道により軌間762ミリの軽便鉄道として開業。昭和8年に国有化され1067ミリに改軌し，予讃本線・五郎から内子までの内子線となった。短い行き止まり支線であった。昭和61年，予讃本線の松山側・向井原ー内子間と宇和島側・新谷ー伊予大洲間が開業，予讃本線の短絡ルートとして使われるようになった。これにより，実質予讃本線と一体化して運行されるようになり，特急列車や普通列車が走っている。
写真は，五郎駅で静かに出番を待つC12（昭和45年1月2日）
下──のどかな田園風景の中を走るC12牽引の貨物列車（五郎ー新谷，昭和45年1月2日）

帰省列車

村山直也

私と四国との係わりは切っても切れない。その理由は、なき母の故郷が香川県丸亀市で、乳呑児のころから度々帰省していたからだ。

私が小学校6年生だった昭和39年当時を旅してみよう。

博多駅からディーゼル特急「みどり」に乗車、鹿児島本線から山陽本線を経由し岡山駅で下車、宇野線の普通列車に乗り換え宇野駅まで向かう。

宇野港から国鉄直営の宇高連絡船「讃岐丸」に乗船、しばしの船旅を楽しみ高松港に到着。長い桟橋を歩いた後、高松駅で予讃本線の普通列車に乗り継ぎ、ようやく丸亀駅に到着。その間、所用時間は8時間余りといった塩梅である。

さて、その道中、子供心に密かに楽しみにしていたことがあった。

一つ目は、当時の特急列車には「食堂車」が連結されており、そこで食事をすることである。車両の揺れにふらつきながら食堂車に向かって通路を歩いていくと、もう数両も前からあの食堂車特有の匂いが漂ってきてワクワクしたものだ。食堂車で飲んだレモンティーの味は格別だった。

当時の連絡船は貨物輸送に際し、貨車自体を船に積み込み、本州から四国へ渡していた。その積み込み作業を連絡船の上方デッキから食い入るように眺めることが、二つ目の楽しみである。

出航5分前くらいになると、乗船口近くで真白な上着を着たボーイさんが銅鑼をけたたましく打ち始め、センチメンタルな気分に襲われたのを覚えている。

また、私が幼少のころ、意地悪にも父は船上で、「今から外国に行く」と、あたかも四国は異国の地であるかのように言い聞かせていたらしい。そのことで母が激怒していた話を後で聞いて、つい笑ってしまった。

高松駅から丸亀駅までの車窓からの眺めは、特に印象に残っている。乗車してしばらくすると右手に海岸線が現れ、塩田地帯が出現する。一方、左手を眺めると、いくつかの山々が現れては消える。だが、それらの山々の稜線をよく観察すると、四国の、特に香川県内のそれは九州の山々と比して滑らかで優しく、丸っこいのである。帰省するたびに、いつも不思議に思った。

カットに使用した写真は、昭和39年盛夏、帰省途中の食堂車での母と私のスナップである。テーブルの上に置かれた調味料入れが懐かしい。

キハ82系のディーゼル特急「みどり」に連結してあったキシ80の食堂車内でのスナップ（昭和39年8月中旬）

伊予鉄道

国鉄駅前―道後温泉など
43.5キロ

右――松山市内線には，松山市駅前から松山城を1周する環状線と，各ターミナルから道後温泉を結ぶ路線があり，かなり頻繁に電車が走る。鉄道線との平面交差もあり，最近は路面SL「坊ちゃん列車」が人気を呼んでいる。
写真は，松山城の真下を道後温泉に向かって快走する松山市電。正面は愛媛県庁（市役所前，昭和48年11月16日）

下左――環状線の一部分である城北線は，路面ではなく単線の専用軌道になっている。電車は狭い家並の間をすり抜けるようにして走る（鉄砲町，昭和44年4月）

下右――松山郊外線は，松山市駅を中心として，高浜・横河原線（22.6キロ）と郡中線（11.3キロ）がある。前者は，かつて松山市駅をターミナルとして，それぞれ高浜線，横河原線として別々に運行されていたが，今では連続運転されている。
写真は，松山市駅から高浜線で4駅目，西衣山（にしきぬやま）駅に入る電車。郊外のみかん畑の中を走る（昭和44年8月）

高松琴平電鉄

高松築港ー琴電琴平など
60.1キロ

上——高松琴平電鉄は，香川県内の主要な町と観光地を結ぶ，地域の重要な足である。当時は，関西私鉄の旧タイプの電車が多く走っていた。写真は，八栗山をバックに瀬戸内海沿いを快走する琴電（志度線・房前〔ふさざき〕付近，昭和47年8月）

左——瓦町で並んだ志度線と長尾線の電車。元阪神の30形，10形と面白い顔の旧型車が多かった（昭和49年3月9日）

下——高松城のお堀端を走る志度行き電車。瓦町で琴平線と別れ，琴電屋島を通り，志度湾に沿う（高松築港ー片原町，昭和49年3月9日）

土佐電鉄

伊野―安芸など
51.2キロ
御免町―安芸
昭和49年4月1日廃止

下── 通称「土電（とでん）」と呼ばれる土佐電鉄は，今は軌道線のみであるが，かつては後免―安芸間に鉄道線があった。昭和49年，国鉄安芸線の建設計画に伴い廃止された。残る市内電車は，今でも重要な市民の足として活躍している。写真は，安芸線の後免付近（昭和47年8月）
右── 高知駅前で出発を待つ桟橋線・桟橋通五丁目行き電車（昭和49年3月8日）

左── 市内線から安芸線へ直通準急も運転されていた（後免線・葛島橋東詰―知寄町三丁目，昭和49年3月11日）
上── はりまや橋付近を走る鏡川橋行き電車。ここで3路線が交差する（伊野線，昭和47年8月）

鉄道写真の思い出

末光尚志

　私は，昭和38年に父の転勤で東京から福岡市に転校した。小学5年生の時である。中学2年の時に仙台市へ転校するまでの3年という短い期間であったが，福岡で鉄道に興味を持つ友人たちと出会い，そのつきあいは約40年後の今でも続いている。

　思い返してみると，小学6年の頃から，博多駅まで出かけて蒸気機関車や電車の写真撮影を始めた。なぜ鉄道模型趣味から写真撮影に踏み込んだのか，理由は定かではないが，自然の成り行きとも思える。

　当時の年齢だと撮影は日帰りで，遠出しても，せいぜい鳥栖，北九州，下関までと，その行動範囲は限られており，写真自体も幼いものであった。

　本格的に意識してSLの写真撮影に取り組み始めたのは，仙台での高校入学以降である。私は，さらに高校の途中で松山市に転校した。松山は，生まれた街ではあったが，10歳までしか住んでいなかったので，故郷という認識が希薄であった。高校の時に戻ってきたおかげで，少しは故郷意識を持つことができたように思う。

　さて，昭和40年代後半，国鉄の地方路線にも電化の波が押し寄せ，SLは余命いくばくかの状態で，全廃になる時期が間近に迫っていた。そんな時期，我々は何かに追い立てられるように撮影に出かけた。

　当時，四国では，電化ではなくディーゼル化が進み，すでにSLは幹線から姿を消し，地方路線の片隅で細々と生息していた。宇和島線や内子線がそれである。

　高校1年の春休みに，福岡の友人と仙台の友人が松山の我が家に集まり，松山の友人まで加えて鉄道ファン同士の交流をしたことがあった。お互いに会ったこともない，見ず知らずの違う土地の友人同士が交流できるのかとの心配があったが，それは無用であった。打ち解けるのに時間を要しなかった。そのあと，和気あいあいと一緒にSL撮影旅行に出かけたものだ。

　その当時訪れた伯備線の布原信号場（岡山県新見市西方）は思い出深い。ここは，三重連が走るところとして全国的に有名であった。私は，三重連そのものよりも，信号場周辺の，人里離れた山中の箱庭のような風景がとても好きで，何度も訪れている。そこを走るSLが奥深い谷間の風景に映え，最後の楽園のように思われた。

　布原信号場には，我々の撮影した写真をアルバムにまとめてお送りしたが，それが世の中へ作品を提示した最初の経験であった。

伯備線・布原信号場付近の谷あいは，山あり川あり田圃ありの，まさに箱庭のような風景。周囲の山の中腹に登って下を眺めると，まるで航空写真のように見える。真ん中の線路を，ひとすじの白い煙を吐きながら，模型のような機関車が走っていく（新見－布原信号場，昭和44年3月20日）

蒸気機関車 型式別インデックス

各型式の最後の数字は写真を掲載しているページで、①は『九州の蒸気機関車』、②は本書のページを示す

■タンク式機関車

B20型式

軸配列B，最大馬力310，動輪径860mm，最高速度45km/h

重量20.3トン，国鉄時代の最も小型のタンク機関車。軸配列は動輪2軸の「B」で，先輪も従輪もない。「B20」はB型20トン機という意味。ほかの国産蒸気機関車が過熱式であったのに対して，唯一の飽和式であった。蒸気圧ブレーキや角形ドームなど，終戦直前から直後にかけての製造の痕跡を色濃く残している。昭和19年5両，21，22年に10両の計15両が製造されたが，戦時設計のため実用上の問題点が多く，戦後の早い時期に廃車にされた。そんな中で鹿児島機関区の10号機は奇跡的に生き残り，昭和45年ごろまで機関区構内の石炭運搬用として使用された。のちに梅小路蒸気機関車館に収められたが，平成14年に補修工事が行われて走行可能となり，現在は同館に動態保存されている。
①101

C11型式

軸配列1-C-2，最大馬力610，動輪径1520mm，最高速度85km/h

昭和7年から22年までの16年間に381両が製造された，国産で最もポピュラーなタンク機関車。昭和5年，国産技術を駆使して新型タンク機C10がつくられたが，軸重が重く等級の低い路線で使用することができなかったため，軸重を500キロほど軽くしたC11の誕生となった。数次の設計変更があったが，「戦時型」と呼ばれる247号以降のものは，角型ドームに木製デフレクター（除煙板）という貧弱な形で登場した（のちにほかの車両と同様に改造）。タンク機関車の小回りの良さと路線を選ばない軸重から，全国の路線で活躍。現在も全国で6両（JR北海道2，真岡鐵道1，大井川鐵道3）が動態保存されている。
①26，29-31，47-49，51-53，67，70，75，119，121，123，127
②80-82，98

C12型式

軸配列1-C-1，最大馬力420，動輪径1400mm，最高速度70km/h

最も等級の低い簡易路線への乗り入れを目的に，昭和7年から22年までの間に293両が製造された。軽量化のためC11より全長は1.3m短く，シリンダ径，動輪径も一回り小さく，最高時速も70キロにおさえられた。低速走行を前提に設計されたため，デフレクターは基本的に装備していなかった（のち少数に装備された）。路線状況の劣悪な戦地での使用が可能だったため軍からの徴発を受け，68両が戦場に消えた。終戦後も地方の閑散線区で使用され，九州では阿蘇の高森線や鹿児島の指宿枕崎線で活躍したほかは，駅構内での入換用などに使用された。現在は真岡鐵道と大井川鐵道に1両ずつ動態保存されている。
①77，86-89，120
②114-118

■テンダー機関車

8620型式（ハチロク）　　　　　　　　　軸配列1－C，最大馬力630，動輪径1600mm，最高速度85km/h

輸入された8700型などを参考に製造された過熱式蒸気機関車。純国産旅客用で，大正3年から15年にかけて672両が製造された。急行列車を牽引するなど幹線で活躍した主力機だったが，C51以降の新型機の登場により，昭和30年代には大量に廃車された。一方，地方ローカル線や構内の入換用など，無煙化直前まで活躍したものもある。現在，58654が豊肥本線「あそBOY」，肥薩線の「SL人吉」として運用され，8630が梅小路蒸気機関車館に動態保存，8620が青梅鉄道公園に静態保存されているのを始め，全国に二十数両が保存されている。
①38，44，45，68－71，79，80－83，124，127

C50型式　　　　　　　　　　　　　　　軸配列1－C，最大馬力620，動輪径1600mm，最高速度90km/h

8620の改造型として登場。昭和4年から8年までの5年間に154両が製造され，のちに樺太の鉄道用として製造された4両が加わった。給水温め器の付加，ボイラ圧力の上昇，先台車の変更，空転防止のため軸重を増加するなどの改良が加えられたが，性能的には8620と大差なかった。C50は客貨両用として開発され，特に都市近郊の快速列車用として使用されたが，軸重が重く使用できる線区が限定されていたため，早い時期から構内入換用として使用されるものも少なくなかった。
②42

C55型式　　　　　　　　　　　　　　　軸配列2－C－1，最大馬力1040，動輪径1750mm，最高速度100km/h

C51の後継機として昭和10年から62両が製造された。リベットを減らし，蒸気溜と砂箱をひとつのドームに納めるとともに，直線を多用し，洗練されたスタイルになった。中・大型機関車としては最後のスポーク動輪を採用，「水かき」と呼ばれる補強が加えられた。また当時流行の流線型の構造を採用，C5520から21両に流線型カバーが装備された。しかし実際の走行では効果がなく，カバーで覆われた部分の整備・点検がしにくかったため戦後再整備。丸みを帯びた運転台の屋根などにその名残がある。四国を除く全国で無煙化直前まで活躍。
①カバー表・裏，1，12，16，17，21－25，28，101，117

C56型式　　　　　　　　　　　　　　　軸配列1－C，最大馬力505，動輪径1400mm，最高速度75km/h

昭和10年から14年の間に160両が製造された軽量小型テンダー式機関車。C12のキャブから後ろを切り取ったものにテンダーを取り付け，100キロ程度の長距離区間の運用も可能にした。バック運転に対応するためテンダーの両端は切り取られた。戦時中C12同様改軌され，1－90号機がタイ，ミャンマーに送られている。国内では，小海線を始め三江北線，木次線などで使用。小海線を走る姿は「高原のポニー」と称された。現在C5644が大井川鐵道で，C56160がJR西日本で動態保存されているほか，全国で二十数両が静態保存されている。
①101，118，125，127
②24，64

C57型式　　　　　　　　　　　　　　　軸配列2－C－1，最大馬力1040，動輪径1750mm，最高速度100km/h

昭和12年のC5563製造の際，ボックス動輪の採用など様々な改良が施され，外観の変化も大きかったため，新型式C57の名が与えられた。優美な外観から「貴婦人」の愛称で呼ばれる。170以降は密閉式キャブ，船底型テンダーなど多くの変更が施され，「C59に近いC57」と評されている。現在，C571が山口線で「SLやまぐち号」として，磐越西線では180号機が「SLばんえつ物語」として運行されているほか，全国各地で40両近くが静態保存されている。
①18，25，41，64－67，99，101－104，106－109，111，115，125－127
②68，70，74，76－78，85，98－101，107

C 58型式　　　　　　　　　　　　　　軸配列1-C-1，最大馬力880，動輪径1520mm，最高速度85km/h

昭和13年から22年（20年を除く）にかけて427両が製造された，国鉄唯一の軸配列1-C-1のテンダー機関車。密閉式キャブ，給水温め器を煙突の前に配置するなど，D51の近代設計を採用。動輪は小さかったが，蒸気圧をC57と同じ16キロに上げることで出力が大きく，従輪を装備することで軸重が軽くなったため，規格の低い路線にも入ることができた。貨客両用の万能機として無煙化直前まで働いた。C581が梅小路蒸気機関車館に静態保存され，C58363が秩父鉄道秩父本線で「パレオエクスプレス」として運行されている。
①101，121
②表紙裏，54-56，62-64，102，103，111，112

C 59型式　　　　　　　　　　　　　　軸配列2-C-1，最大馬力1290，動輪径1750mm，最高速度95km/h

昭和16年に100両，昭和22年に73両が製造されたが，133-155は欠番で，車両番号は196まである。東海道・山陽本線旅客列車の増大に対応するため，3シリンダのC53後継機としてボイラとシリンダの大型化を図り，2シリンダで製造。C62登場までは花形機関車として活躍した。東海道・山陽本線が電化されると，軸重16トンが災いして甲線以上の路線にしか入れず，呉線，鹿児島本線など一部の路線で使用された。一方，従輪を2軸にして軸重を軽くし，C60に改造されたものが47両あった。現在，C591が九州鉄道記念館に静態保存されている。
①36
②40

C 60型式　　　　　　　　　　　　　　軸配列2-C-2，最大馬力1290，動輪径1750mm，最高速度100km/h

C59の従輪を2軸へと変更し軸重軽減改造を施すことで，常磐，東北，奥羽，長崎，鹿児島各線で運用可能にしたもの。国鉄浜松工場と郡山工場で昭和28，29年に17両，35年に30両が改造された。このうちC59の戦後型を改造した8両は101-108の番号が与えられている。全盛期は，東北で特急「はつかり」，長崎では特急「さくら」を牽引。昭和42年3月の長崎本線無煙化後は鹿児島本線・熊本—鹿児島間のみで運用されていたが，45年9月1日，鹿児島本線全線電化で姿を消した。現在，仙台市・西公園にC601が保存されている。
①62，63，98，100，101

C 61型式　　　　　　　　　　　　　　軸配列2-C-2，最大馬力1390，動輪径1750mm，最高速度100km/h

戦後の旅客用機不足を補うため，戦時体制下で量産され過剰気味になっていた貨物機D51，D52のボイラを使用して，C61とC62が登場した。このうちC61は昭和22年から24年にかけて33両が製造された。国内最初のハドソン機で，国内最初のストーカ（自動給炭機）装備の機関車。C61はD51のボイラを使用し，C57と同等の高速性能と軽軸重化を目指した。当初，東北線に18両，常磐線に9両，鹿児島線に8両が配置。東北初の特急「はつかり」を始め，「はくつる」，鹿児島線では「はやぶさ」などを牽引した。
①37，41，96-98，101，102，109

C 62型式　　　　　　　　　　　　　　軸配列2-C-2，最大馬力1620，動輪径1750mm，最高速度100km/h

昭和23年から24年にかけて48両が新造された。C59を2軸従台車にし，D52のボイラを載せた，旅客用としては国内最大最後のハドソン機。東海道本線，山陽本線に配置された。また，軽軸重化工事を施された26両は東北本線南区間，常磐線，のちには北海道・函館本線で活躍。東海道本線では特急「つばめ」，「はと」など，山陽本線でも「かもめ」，「あさかぜ」，東北本線・常磐線では特急「はつかり」，「ゆうづる」などを牽引。最後は函館本線での重連の急行「ニセコ」がファンの人気を集めた。デフレクターにツバメマークを付けたC622が梅小路蒸気機関車館に動態保存されている。
②カバー表，1，26，34，38-43

9600型式（キューロク）

軸配列 1－D，最大馬力870，動輪径1250mm，最高速度65km/h

大正2年から昭和1年までの14年間に769両が製造された国産蒸気機関車の先駆け（このうち249両が軍に供出）。当時，輸入された9550をベースにした国産蒸気機関車の9600がすでに製造されていたが，これを9580と改称して，新型機関車に9600の名を与えた。大型のボイラと小径動輪で独特の風貌を持つ。国産蒸気機関車中唯一の左クランクリードで，武士が脇差しを抜きやすくするために左足を第一歩目に出すことにちなんで「武士道機関車」と呼ばれた。昭和51年3月2日，国鉄完全無煙化が実現した日に国産最古参の9600は火を落とした。
①8，22，27－29，31，38，45，72，73，84，85

D50型式

軸配列 1－D－1，最大馬力1230，動輪径1400mm，最高速度70km/h

大正12年から昭和6年にかけて380両が製造された大型貨物機。製造当時は9900型式と呼ばれていたが，昭和3年の称号規定改正でD50となった。四国を除く全国の貨物牽引，急勾配線での貨客用として活躍したが，電化で余剰となったD51に追い出されるかたちで，昭和26年からの5年間に78両がD60に改造されたのを始め，30年代から徐々に廃車が進み，昭和46年，最後まで残った筑豊本線から姿を消した。D50140が梅小路蒸気機関車館に静態保存されている。
①2，10，20，22，23

D51型式

軸配列 1－D－1，最大馬力1280，動輪径1400mm，最高速度85km/h

昭和10年から19年にかけて1型式としては国内最多の1115両が製造された。1次型の100（86－90を除く）までは給水温め器などを覆う長いドームを持ち，「ナメクジ」と呼ばれる。2次型の101（86－90を含む）以降は給水温め器が煙突の前に横置きされ，この形はC58にも継承される。1000番台は戦時型設計。全国に配属され，四国・土讃本線でも9両が走った。昭和50年12月24日，夕張線6788列車を牽引したD51241が，本線上を走った最後の蒸気機関車になった。
①4，14，21，40，59，60，63，64，100，110，112－114，115，116
②カバー裏，表紙表，2，6－23，25，36，37，42，43，46－54，56－61，67，70－73，77－79，86－97，104，123

D52型式

軸配列 1－D－1，最大馬力1660，動輪径1400mm，最高速度85km/h

昭和18年，増大する陸上輸送を担うために誕生した国産最強1660馬力の大型機。従来，幹線の貨物輸送はD50，D51が担っていたが，それを上回る貨物用機として登場。しかし，基本設計ができたころから戦況は急迫し，製造工程の削減と資材の節約が図られる。昭和18年からの3年間で285両が製造された（欠番がありラストナンバーは468）。昭和26年から160両に標準設計への復元工事が施され，ようやく本来の性能を発揮した。御殿場線の箱根越えと，山陽本線の瀬野―八本松での活躍が有名だった。49両がC62へ改造された。
②24，34

D60型式

軸配列 1－D－2，最大馬力1280，動輪径1400mm，最高速度85km/h

戦後，電化が進む中で余剰になりつつあったD50のうち，状態のいいものから，従輪を2軸にして軸重を軽減，地方線乗り入れを可能にしたのがD60である。老朽化した9600の代替機として登場。昭和26年から31年にかけて78両が改造された。横黒線，磐越東線，紀勢本線，山口線，久大本線などの亜幹線には計50両が配置。20パーミルの勾配に挑む磐越東線では9600時代より25％も牽引力が増強された。晩年は，D50とともに筑豊本線でその勇姿を見せ，冷水峠の重連はファンを魅了した。D601が山口県立博物館に静態保存されている。
①12－16，18－21，38，39，78，79，82，83，95
②22，23

あとがき

見城正浩

本書には「大きな風景」がたくさんあるが、その撮影は並の苦労ではない。地図を用意し、現地で下から見上げて画面構成を考え、1, 2時間をかけて山を登る。そして2時間に1本の列車を待つのである。

うまく撮る場所があればいいが、木の枝が邪魔してアウト、ということもある。川を渡ったはいいが、戻りようがない場合もあったりする。また、昼間や気候のいい時ばかりではなく、早朝や夜間、吹雪の中や真夏のカンカン照りの中もあり、雨の日はカメラを守って体はズブ濡れということもあった。

何でそんなにまでして鉄道写真を撮っていたのだろうか。「鉄道少年探偵団」のひたむきさを、どこかに見出していただけたら、それは望外の喜びである。

ここに集まった面々は、高校時代「サークルじょうき」というグループを作っていた。35年も前のことである。卒業後は住んでいる所もバラバラとなり、写真の話題も減っていった。

しかし、ここで変化があった。カメラマンの栗原が福岡に根を下ろして活動を始めたのである。それをきっかけに、再び鉄道や写真の話が出るようになり、ついには本の出版というところまで来てしまった。

今回の探偵団の目的は、いつ、どこで、誰が、何を撮ったか、という不確かな記憶を探ること。1枚の写真の撮影日や場所をめぐり、いろいろな意見が出てくる。それとともに、その時の行動や発言などの記憶も甦ってきて、昔話に花が咲くということもしばしばであった。記録を正確にしている者もいればそうでない者もいて、説明文は正確さに欠ける部分があるかもしれない。その際にはご容赦をお願いしたい。

今回の編集作業をきっかけに、新原は再び鉄道写真を撮り始めた。「高くつく」と言いながらも、新しい機器を買い込み、撮影に余念がない。

「お気に入りのネガはほとんど紛失している」と嘆いていたのは村山。彼は今、中小企業を相手に日々奔走している。

仲間のうちで唯一、大学の鉄道研究会に所属していた中馬は、他の者とは鉄道に対する真摯さが違う。

中楯は転勤の先々でも写真を撮り続け、出張は可能な限り鉄道利用というから、徹底している。

末光は、松山に住んだこともあり、四国は末光の独壇場だった。彼もまた撮影を再開し、出張は鉄道という。

田中は、今は写真よりも鉄道のある風景を水彩画で描いている。

一度身に付いた習性は、なかなか抜けないものだ。

栗原は、相変わらず天気と相談しながらの撮影の日々だ。

そして、この写真集の「言い出しっぺ」となった見城は、多くの仲間に恵まれた幸福を味わっている。

最後に、出版に当たり海鳥社の皆さんには大変お世話になった。心からお礼を申し上げたい。

写真協力

吉富　実

主な参考文献

浅野明彦『昭和を走った列車物語——鉄道史を彩る十五の名場面』JTB Can Books，平成13年11月

井上廣和・栗原隆司『20世紀なつかしの国鉄客車列車』山と渓谷社，平成14年11月

今尾恵介『路面電車——未来型都市交通への提言』ちくま新書，平成13年3月

小川裕夫編著『日本全国路面電車の旅』平凡社新書，平成17年5月

久保田博『懐想の蒸気機関車』交友社，昭和46年

久保田博『新版　鉄道用語事典』グランプリ出版，平成15年6月

遠森慶『詳細イラストマップで日本全チンチン電車の一日旅』講談社，平成15年9月

寺田裕一『私鉄廃線25年——36社51線600kmの現役時代と廃線跡を訪ねて』JTB Can Books，平成15年11月

寺本光照『国鉄・ＪＲ——列車名大事典』中央書院，平成13年7月

原口隆行『日本の路面電車Ⅰ——現役路線編』JTB Can Books，平成12年3月

原口隆行『日本の路面電車Ⅲ——廃止路線・西日本編』JTB Can Books，平成12年6月

原口隆行『マニアの路面電車』小学館文庫，平成14年5月

原口隆行，三宅俊彦，福原俊一，所澤秀樹『図説　国鉄全史』学習研究社，平成16年4月

山本武男『北丹鉄道——河川敷に消えた小鉄道』ネコ・パブリッシング，平成12年9月

吉川文夫編著『路面電車時代』大正出版，平成7年12月

『私鉄全百科』小学館コロタン文庫，昭和53年3月

国鉄監修「交通公社の時刻表」昭和43年10月ダイヤ改正号他

「鉄道ファン」交友社

鉄道少年探偵団
（てつどうしょうねんたんていだん）

栗原隆司（くりはら・たかし）
　昭和27年生。鉄道カメラマン

見城正浩（けんじょう・まさひろ）
　昭和27年生。西日本鉄道勤務

末光尚志（すえみつ・たかし）
　昭和27年生。パイオニア勤務

田中芳樹（たなか・よしき）
　昭和27年生。団体職員

中馬泰裕（ちゅうま・やすひろ）
　昭和27年生。岩田屋勤務

中楯　潔（なかたて・きよし）
　昭和27年生。農林中央金庫勤務

新原和俊（にいはら・かずとし）
　昭和27年生。佐賀県高校教員

村山直也（むらやま・なおや）
　昭和28年生。ISO導入支援コンサルタント

じょうききかんしゃ
蒸気機関車
中国・四国・近畿の鉄道風景

2005年7月1日　第1刷発行

編　者　鉄道少年探偵団

発行者　西　俊明

発行所　有限会社海鳥社
　〒810-0074
　福岡市中央区大手門3丁目6番13号
　電話092(771)0132　FAX092(771)2546

印刷・製本　大村印刷株式会社

ISBN 4-87415-530-8

http://www.kaichosha-f.co.jp

［定価はカバーに表示］

九州の蒸気機関車

鉄道少年探偵団編

遠くで響く汽笛，迫り来るドラフト音，燃え盛る石炭の匂い……。モノクロ写真に凝縮された蒸機の記憶。各地の路面電車をはじめ，消えた各列車も多数掲載。

Ｂ５判／並製／128ページ
2415円

■筑豊
筑豊本線／宮田線／田川線／後藤寺線／上山田線／伊田線／添田線／日田彦山線／炭鉱線
■北部九州
鹿児島本線（門司港－熊本）／室木線／筑肥線／勝田線／甘木線／矢部線／福岡市内線／北九州市内線／筑豊電気鉄道／西鉄大牟田線
■西九州
長崎本線／佐世保線／松浦線／唐津線／佐賀線／長崎市内線／島原鉄道
■中九州
久大本線／豊肥本線／高森線／熊本市内線／熊本電気鉄道／耶馬渓線／別大線
■南九州
鹿児島本線（熊本－鹿児島）／日豊本線／肥薩線／吉都線／山野線／日南線／指宿枕崎線／志布志線／古江線／鹿児島市内線／枕崎線
■御召列車

鉄道のある風景
日本縦断写真集
栗原隆司

Ｂ５判変型／並製
120ページ／2520円

季節，天候，時間など様々な要素が織りなすシンフォニーの中，列車や駅舎やレールや人間たちのすべてが主役たる叙情詩「鉄道のある風景」を，瑞々しいカメラワークで捉える。日本の列車と自然の"美"を満喫する写真集。

九州・鉄道の旅
カラー版・全路線ガイド
栗原隆司

Ａ５判／並製／166ページ
1995円

九州新幹線，沖縄・ゆいレールも収録，九州の鉄道全路線完全紹介。沿線風景，代表的車両，駅舎など写真440点。ＪＲ九州他の各社私鉄，第三セクター，路面電車，モノレール，ケーブルカー，ロープウェイ，リフトまで。

価格は税込